与最聪明的人共同进化

新 CHEERS

HERE COMES EVERYBODY

CHEERS
湛庐

2年3倍
SCALE
AT SPEED
增长法

[英]费利克斯·维拉尔德　著
Felix Velarde

马艳　译

浙江教育出版社·杭州

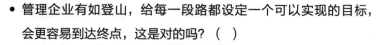
企业如何快速增长?

- 管理企业有如登山,给每一段路都设定一个可以实现的目标,会更容易到达终点,这是对的吗?(　　)
  A. 对
  B. 错

- 拥有 10 个能带来 50 万英镑营收的客户,或 100 个能带来 5 万英镑营收的客户,哪种选择更有利于公司发展?(　　)
  A. 10 个能带来 50 万英镑营收的客户
  B. 100 个能带来 5 万英镑营收的客户

- 如果一个公司永远缺少优秀员工,问题可能出在哪里?(单选题)
  A. 资质平庸的员工招人时标准更低
  B. 并未给优秀员工安排好培养计划
  C. 薪资水平不足以留住优秀员工
  D. 以上都是

致所有开拓者、变革者和富有远见的人。

致英娜，我的爱人。

2 年 3 倍增长法，本质是《天道》中的逆推思维

王赛

科特勒咨询集团董事合伙人

《增长五线》作者

执教包括长江商学院在内的 17 家中外顶级商学院

大概是由于我在业内常年从事 CEO 的增长咨询，并在该领域有多部著作的缘故，湛庐把这本《2 年 3 倍增长法》推荐给我。我在深夜一口气读完了这本书，着实畅快，大脑中也迅速出现两个镜像。

第一个镜像是 18 年前，我初入战略咨询行业，收到顾问培训的第一份材料竟然和本书中最关键的图（本书第 1 章中的"战略蓝图"）一模一样。当年，米尔顿·科特勒（Milton Kotler）告诉我，战略（或者

公司计划）是一个设计并且进化的过程，而真正有行动结果落地的公司，应该先确认战略意图（strategy intent），然后以终局为起点，通过对成功图景的描述，对公司不同职能进行里程碑（milestone）推演，按照实施年份反向串接起来，这样公司行动会高度精简，如同逆向射箭，从标靶的准心开始，逆时空反向去设计每一步的行动计划。它讲究布局精简有力、没有"废棋"，这一点与这本书中的思维高度一致！

第二个镜像，恰恰是中国商界近年极其流行的一部电视剧《天道》（改自小说《遥远的救世主》）。剧中的主人公丁元英近乎商界的魔与神，而在丁元英论道哲思的话语体系之外，最大的亮点是"逆推思维"。逆推思维与主流的商业思维最大的不同之处，就在于其扭转思维、从现局推演未来的方式，以及推断结果如何达成的过程。《天道》中丁元英先设想出他设计的商战的最终图景，再反向推导与安排各种利益碰撞的关系——先设定棋局的答案，再反向落子，将现有的事实要素、拓展的条件以及逻辑关系相互联结，先胜后战。

以果设因，大道至简！虽然本书是作者从战略顾问视角撰写的而不是一本展现大理论（big idea）的书，但作者像实战教练一样，告诉管理者如何一步一步地以 3 倍增长为目标，去推动组织、运营、财务以及客户走向成功，最终形成一张精准有效的"作战蓝图"。书中介绍的方法高度强调实用，但背后的原理恰恰是我上面提到的两个镜像中的反向思考、逆推思维。作者运用这套方法论实践后的第一年，公司平均增长率为 164%，而之后服务的大多数公司在运用这套方法论后的 18 ～ 24 月内，公司规模能增长 2 ～ 3 倍。2 年 3 倍增长法的核心，是让公司的运营全部指向增长目标，并依照三年的结果反向确认第二年、第一年每个部门要最精准地做什么，有效地协同一致（alignment），并使万箭归心。

这本书给学术界和业界喜欢畅谈"大战略"的浮夸风有力一击。作者在书中写道："本书的重点在于制订行动计划，而不是制定战略，因为战略这个词已经被滥用了……人们经常把战略（总体计划）和战术（具体行动）混为一谈，这令我很无奈……整本书不谈战略，只谈如何实施。"虽然业内已有很多制订战略计划并将其落地的方法论，比如卡普兰的平衡积分卡、咨询公司常用的战略解码、宝洁公司的OGSM，但2年3倍增长法与它们的最大不同之处在于——它直击增长痛点、使用逆推设计、高度精简，更适合以增长为导向的企业和创新创业类的企业，它们可以根据商品交易总额（GMV）去反向设计业务、运营模式与组织架构乃至绩效文化，也可以提前三年设定公司出售目标，然后去反向设计为达到目的能做的最有价值的举措。2年3倍增长法的路线图架构，实质上是为达成一系列目标而生成的一个关键行为模板。

与过去商科中的很多科目不同，"增长"其实精准指向企业战略与运营的"价值金线"。所以增长极其像一条蛇的七寸，只要抓住这个环节，就可以把过往企业的职能模块与运作系统重新聚焦与融合，我过去的两部作品《增长五线》《增长结构》探索的是企业价值的布局，而《2年3倍增长法》为我们提供了另一种视角，即如何在执行层面"把自己变成一条嗜血的蛇"，把过去烦冗的管理体系逆推化、精简化、可视化。

我特别喜欢这本书，也真诚推荐给大家。开卷有益，希望这本书可以助你转换视角，行动起来。Just do it！

实现快速、持久增长的秘诀

　　当初我撰写《2年3倍增长法》这本书的初衷，是为了协助那些寻求更高效业务扩张策略的创业者。现在，我非常高兴看到这本书能够触及更多拥有多元视角的读者。

　　我认为，阅读这本书时，重要的是要深刻理解其背后的原理，明白它为何有效，而不仅仅是它如何有效。在阅读过程中，你会了解到许多结构、工具、流程和实际案例，它们将向你展示如何将理念转化为实践。但我更想阐明一些更深层次的动机，这些动机将促使你翻开本书，并将本书的主题与商业书籍常见的财务驱动因素区分开来。

打造可持续的发展模式

本书介绍一种可靠的公司快速增长方法——2 年 3 倍增长法。在过去 9 年中，我们与许多使用该方法的公司一起实践，积累了丰富的实践经验。因此，2 年 3 倍增长法已经取得了极具说服力的成功。本书在这些实践经验的基础上对该方法进行了细致的更新。但它为何有效？更重要的是，为何对你有效？

从根本上讲，2 年 3 倍增长法之所以有效，是因为它不仅仅关注财务目标。当然，财务目标是衡量企业效率和可持续性的强大指标。而以盈利能力为目标更为关键：它确保商业领袖和团队成员将注意力集中在为企业带来现金流的决策上，从而维持了企业发展与生存的可预测性和稳定性，并为新产品开发、人才招聘提供资金，以提升企业服务更大市场的能力。因此，财务成功是企业增长的关键组成部分。

但是，为了实现可持续增长，我们还需要创造一些能够促进繁荣并具有持久性的东西，这是最具挑战性的部分。

许多商业书籍只关注如何使你的企业盈利。但我最喜欢的作者，如《稀缺》（*Scarcity*）的塞德希尔·穆来纳森（Sendhil Mullainathan）和埃尔德·沙菲尔（Eldar Shafir），或《团队协作的五大障碍》（*The Five Dysfunctions of a Team*）的帕特里克·兰西奥尼（Patrick Lencioni），会通过强调那些阻碍增长的具体因素来讨论企业如何增长。我不会假装这些杰出的作者没有影响我的职业生涯——《2 年 3 倍增长法》是站在巨人的肩膀上写成的。如果你读过《稀缺》，你将立即认识到本书后面讨论的一个观点，即你的企业无法快速扩大规模的主要原因之一可能是你自己，你成了企业增长的瓶颈。当我们被过多的决策、过多的委派任务和太多的危机压得喘不过气来时，我们的决策就会变得糟糕，常常导致平庸的结果。

要想企业蓬勃发展，我们需要同时解决一些不同的事情：打破瓶颈，创造可持续的系统，培养继任者，为我们的计划注入热情。

你将在书中读到的增长实验室团队将为你打破思维瓶颈。这是你在业务过程中搭建的团队，他们将帮助你完成所有必要的任务，从而帮助企业实现规模扩大。正如你将看到的，尽管委派是一项很棒的技能，领导者们都必须实践，但委派几乎无法帮助你减轻成功交付业务所需的一切压力。唯一的方法是分配责任，但分配责任是很难的！我们常犯的错误是，试图通过雇佣一个自己的克隆人（"如果我能找到一个和我一样的人！"）或者是与自己年轻时相似的"有潜力"的人来让自己承担更多责任。问题在于，我们正在延续我们自己的思维方式，如果我们希望创造一些持久的东西，那么它必须能够应对不断变化的世界。与我们自己的观点不同的人可以使我们的决策更加坚韧；下一代思考者可以带来新的看待世界和应对世界的方式，借助他们的力量，我们可以在面临像生成性 AI、社交媒体发展以及人们对工作、生活平衡态度不断变化等新问题时保证企业的生存与发展。

经过多年的试错，我在自己的企业中发现，摆脱自己思维瓶颈的最简单方法是，要求我身边最优秀和最聪明的人不要承担我交给他们的责任，而是共同创造一个未来的愿景，这个愿景既符合公司的目标，也符合他们对一个更好、更成功的工作场所的期望。

通过识别、管理团队，共同制订计划，将其细化为易执行的任务，然后齐心协力实施计划，我们不仅提升了团队的执行力，还开始构建可持续的发展模式。我们通过让团队自我监督，确保每个成员对所执行的任务负责，从而省去了逐个监督团队成员的烦琐。这种集体责任感正是 2 年 3 倍增长法背后的魔力。

确保在动荡时期取得成功

上述内容最终指向了我在过去 10 年观察 2 年 3 倍增长法实践中得出的最有趣的结论之一——这种方法不仅能够使企业实现快速增长，而且减少了规模扩大所需的转型变革所带来的风险。

这是如何实现的呢？如上所述，这一切的核心是增长实验室团队。这个团队通过引入 5 ～ 6 组不同的观点来看待业务中每一个将要发生的变化，从而扩大思维，这些变化将帮助业务规模扩大。

例如，这本书中的一章讨论了如何招聘和激励优秀员工。你要在三个月的时间内完成这项新工作。第一个月，调查研究（什么看起来不错，最佳实践是什么，其他人做了什么，什么可能对我们不起作用）；第二个月，设计方案并测试（让我们用接下来招入的几位新员工测试我们假设的解决方案），如果原型有效，第三个月将是实施方案的阶段。在每个阶段，整个团队都有机会评估他们的工作，输入他们多样化的观点，并让承担交付新流程任务的人负起责任。这种方法确保了你在流程中时刻保持批判性思维，能够实施健全的测试并降低风险。你还将建立一种卓越的文化。

　　然而，如果我们想要加速增长进入未知领域，那么至关重要的是考虑如何减少前进和变化带来的风险。如果我们希望企业能在意外发生时生存下来，这一点同样至关重要。当全球流行病袭来时，使用 2 年 3 倍增长法的公司已经准备好了周密的应急计划，来应对无法工作和无法以传统方式提供服务的情况。本书中将介绍如何创建一个全面的《风险自检手册》以及在危机中使用 2 年 3 倍增长法的框架。

　　通过在行动计划的每一个环节都采用 2 年 3 倍增长法，你将搭建起一个经过严格测试的增长平台。实际上，这个平台的稳定性和持久性将远远超过那些仅凭直觉、传统智慧或常规做法构建起的平台。2 年 3 倍增长法能够推动企业可持续发展和长久繁荣。通过与最有才华的未来之星共同制订企业的长期计划，可以确保他们的长期参与和热情。当他们的时代结束时，他们也掌握了一种方法论，用以培养后续的人才，共同创造出持久的价值。

　　我相信，你将是引领下一代卓越思想的思想开放者之一。衷心希望你会喜欢《2 年 3 倍增长法》。

揭秘让利润年均增长 164% 的经营方法

　　俗话说：吃一堑，长一智。如果你运营过很多家公司，吃过千堑、长了千智，那么公司的运营管理对你来说便不再是难事。当你把犯过的所有错误都变成经验和教训后，你便能学会如何发掘英才并为其创造激励条件，而不再需要冗长的试错期了；你也能掌握高超的销售技巧，总能卖出高价。无论你手下有十个人还是上千人，你都有能力让公司业务突飞猛进。

　　本书便是为希望拥有上述能力的企业家和高管而作，为那些期望能将学到的各类知识整合成某种简单易行的管理模式的人而作。本书也将为你提供一种易于执行的管理体系，让你的团队围绕一个清晰的愿景团结一心，从而实现企业的快速发展。

在我的职业生涯中，我担任企业创始人、首席执行官（CEO）及董事长等领导角色 20 多年，经历过无数起股权转让。我曾带领团队为多家公司创造数千万英镑的辉煌销售业绩，也曾经历公司破产或险些倒闭的低谷。每一个管理新手易犯的错，我都犯过，甚至还犯过不少更严重的错。为此我花费了数年时间向他人取经，包括跨国企业集团、小型初创企业、著名中小型企业和新兴科技巨头的创始人和 CEO。

我将一路学到的经验和教训应用于自己的公司，并不断地实践。这些经验经过一次次试验、改良与打磨，逐渐变得易于理解且实用，成为一系列推动企业快速增长的执行方案，便于后来者一步步遵照实施。

2014 年，我辞去实验性合作组织 The Conversation Group 的 CEO 和 eCRM 领域的 Underwired 的董事长职务。后者我曾将其出售又买回来，并在带领其将营业额翻一番后再次将其出售。卸任之后，我加入了文特·瑟夫（Vint Cerf）和冯美琳（Mei Lin Fung）组建的"人本互联网"公司（People-Centered Internet），并开始参加"火人节"①。

从那以后，我担任了许多不同类型公司的董事会主席，包括服务型机构、小型初创公司以及科技公司。这些公司都采用了本书介绍的方法论。据统计，这些公司遵循这套方法论实践后的首年，平均增长率为164%，而我如今服务的大多数公司在运用这套方法论后的 18 ～ 24 个月里，公司规模都增长了 2 ～ 3 倍。这些方法简单实用，明确统一且具有战略视角，既能增强团队的凝聚力，有效地激励优秀员工，也能令

---

① Burning Man，是由美国一个名为"Black Rock City"的组织发起的反传统狂欢节，节庆现场也有许多商界人士，宗旨是提倡包容、创新及反消费主义。——译者注

高管保持一致，对公司愿景达成清晰的共识。可以说，这套方法论能够促进企业在毫无压力的情况下实现快速增长。

我服务过的公司中都会出现这样的情况：每一年公司的股价都明显高于市场平均水平，但很多所有者并不想出售股份，而是希望改变公司的业务目标，大幅度提升利润率，扭亏为盈。他们都很热衷于这个过程。

那么，我为什么要写这本书呢？我已经将实现快速增长的方法传授给上百家企业，而这些企业大多是非集团性的、独立运营的，且多由所有者亲自管理。有一件事我可以肯定，那就是大多数企业家都孤立无援，因为他们身处公司的顶端。所谓"高处不胜寒"，没有人告诉你要怎么做，你只能不断地试错，花费数年时间来积累经验。

身处顶峰令人振奋且有趣，但跌到谷底却让人沮丧，失败直击灵魂，毫无乐趣可言。如果你能让这些起伏变得平稳，让你的家人能和你一起享受这趟旅程，而不是在一切都错乱时互相依偎，岂不美妙？

这本书提供了一些思路，可以让公司的创始人和领导者的生活重新变得轻松、有趣，回到那种满怀兴奋、充满热忱，不断迸发灵感的积极状态。本书是一部常识性指南，包括实现快速增长的基本流程，简单有效、切实可行的管理方法，以及避免失败的一些技巧。读完此书，你将了解如何通过实施这些经过长久验证的方法论，来使公司快速增长，最终达成既定目标，实现远大抱负。

这个让公司快速增长的秘诀，也是助你成功的秘诀，它极易理解且非常有效。无论你的公司是处于亏损状态、迫切需要扭转局面，还是已经非常成功、想令业绩再增长 3 倍，都可以快速应用这套方法论，它不仅会带来立竿见影的变化，且其影响力可以持续多年。希望你也能掌握它。

SCALE
AT SPEED

引　言

战略蓝图，
将长期战略与短期战术有效结合

目标必须定得大胆而清晰，实现目标的步骤必须有精

准的节奏，然后你必须坚持执行。

向目标进发有如攀登高峰

我一直心心念念想去喜马拉雅山，于是决定去那里旅行一个月，亲自感受那里美轮美奂的风景，从大自然最壮丽的景色中汲取一些灵感。我预订徒步行程时，旅行社建议我，为给山间的长途跋涉做好准备，我应该先花 6 个月时间在英国的乡下练一练长距离徒步，并且每周都增加一些距离和难度，这样等我到达尼泊尔境内的喜马拉雅山时，便能适应那边的山路了。

毫无意外，这样的练习总会因为各种社交活动、繁忙的工作而被耽误，因此，我只在飞往尼泊尔前的那个周末进行了唯一的一次徒步练习。

到达尼泊尔后，尽管那天天气阴沉，根本看不到山峰，但我对美丽的安纳普尔纳南峰的向往之情丝毫未减，于是乘大巴车到山谷，跟一位向导会合。向导背上我那鼓鼓囊囊的背包，只留给我一根拐杖和一个水壶。我们沿着谷底走了一会儿。一个小时后，我们坐在长凳上休息，他说："我们接下来要爬一个缓坡，大概一个小时，然后停下来喝点水。"小意思嘛，我想。

我们再次停下来休息时，他告诉我，大约再过一个小时我们就能看到山谷美丽的景色了。等我们到达后，景色确实美极了。我们休息了几分钟，他对我说，再过一个小时，我们会看到一棵树，树上栖息着很多鸟。于是，我们又出发了，这次我走得很累，但那棵树上真的有很多鸟，婉转动听的鸟鸣也如约而至。

下一次歇脚是在又一个小时的艰难跋涉之后，向导说，我们将在一户尼泊尔人家停下来吃午饭。女主人很热情，我们享用了一顿美味的当地饭菜。稍事休息，我们精神焕发地再次出发。我急切地盼望着抵达下一站——山间的长凳，到了那里，我才能第一次亲眼看到喜马拉雅群山的模样。

由于前期准备不足，走到那时我已非常疲乏，双腿更是酸痛难忍。但一想到能望见安纳普尔纳峰，我便有了劲头。等我们终于到达长凳，我已浑身是汗，口渴难耐，迫切需要休息。在此我们确实看到了一点点景色：峰顶若隐若现地呈现在眼前。那便是我们要到达的目的地。

我们穿过郁郁葱葱的森林继续攀爬，每爬一段都有一个目标引领着我前行。经过一片景色秀丽的稻田，微风轻拂下，我们来到一间温馨的小屋歇脚，喝下一杯热气腾腾、香气袭人的绿茶。最后，向导告诉我，到了黄昏时分，我们还会看到一处美景，值得再努力一把。我们拐过一个弯时，太阳已经快下山了，对面的山都被照亮了。最后再加把劲儿吧！天色渐渐暗了下来，我满脑子想的都是终点的那座山地小屋，急切地想要快点见到它。终于，我们登上了山顶，我如释重负地瘫倒在地，筋疲力尽，但是我做到了。

第二天早上，向导叫醒我，邀请我去露台吃早餐。浑身酸痛的我打开房门，眼前是一片完美、平坦的草坪，一张巨大的早餐桌边坐满了面带微笑的人，还有世界上最壮观的风景：安纳普尔纳南峰和鱼尾峰。这是我见过的最摄人心魄的景象。尽管我有些体力不支，但我那了不起的向导还是带着我登上了顶峰。

他一步一步地引领我，每一段路都给我设定了一个可以实现的小目标，激励我前行。如果他一开始说的是"你要爬7个小时才能登顶，到了山顶就能看到很美的风景"，我肯定不会有什么劲头；如果他告诉我，我得爬几千级又陡又宽的石阶，我可能根本就不会出发；即便勉强出发，在双腿累得迈不动的时候，我也很可能会马上放弃。但向导经验丰富，他知道如何带领我登上山顶，尤其知道如何让人体会到艰苦的付出是值得的。尽管我知道仅靠自己绝不可能到达顶峰，但我仍然觉得这个过程非常有趣。无论如何，我为自己成功登顶而由衷地感到自豪。

那次登顶开启了我一个月的美好旅程，也让我体会颇深。我明白了一个道理：引导别人向目标进发时，将旅程分成一个个容易实现的小目标，具有重要的意义。

在你的企业中，你便是那个带领团队攀登巅峰的向导。但是，你必须先确保你的团队真的愿意与你同行。他们需要了解目标是什么，看到崇高的目标，他们才能明确自己的方向，付出必要的努力，向目标进发。

然后，你还须不断地激励他们，并把控好前进的节奏。

你设定的目标，既要够近，让人有所期待；又得够远，但不至于遥不可及，让人退缩。比如，你可以定一个 3 年目标，要达成某个销售额，或者将利润提高到目前的 10 倍，抑或二者皆得。

根据绘画中的透视法我们知道，远处的大物体和近处的小物体看上去可能一样大。所以，你需要在远处设定一个简单明了的大目标，再为远处的大目标安排些易于实现的小步骤，确保你能一步步抵达目标。

本书的内容主要是关于如何将这一简单的观察发现变成一个清晰的行动计划，激发团队上下一心的热情，并大力促进业务的迅速发展。至于在哪个发展阶段运用这项行动框架和流程并不重要，无论是已有 20 年历史的成熟企业，还是曾扭亏为盈的企业，或是陷入停滞状态的企业，甚至是初创企业，都曾有效地实施过这套方法并获得成功。

大多数创业型领导者做起事来都求快心切。变革确实需要速度，但若仓促地实施一套变革方案，可能会陷入困境。你读了一本书，或者参加了一场研讨会，学习了一些极有新意的东西，第二天你带着新想法回到工作中时，就迫不及待地想付诸实践。如此这番，经过几次变革“创举”之后，员工开始学会捕捉风向，心态也会发生微妙的变化，逐渐不以为然起来，甚至还会采取抵制行动。新想法往往无法落实，是因为大家知道下周你可能又会冒出其他的想法。

由此可见，3 年目标必须定得大胆而清晰，实现目标的步骤必须有精准的节奏，并做出详尽的安排，使团队中的每个人都可以一步一个脚印地向前推进。大目标好比安纳普尔纳南峰；小步骤犹如美丽的山谷、婉转的鸟鸣，还有热气腾腾的绿茶。

本书所介绍的方法论可以帮助你及你的高管团队轻松实现转型或卓越成长。这套方法论实施起来很简单：将一项长期任务分解为许多简单的小任务。正因为如此简单，这套方法论才能产生极其巨大的影响。

本书将先详细介绍这套方法论的原理及实施流程，解释各项行动的前后顺序，并说明如何将其融入公司运营中。之后会讨论一些关键的增长促进因素，包括实现竞争差异化、找准市场定位、聘用及激励优秀员工、吸引新客户和赢得竞标的制胜方法。让我们一起来看看吧。

让公司再次飞速增长

我合作过的一些公司在开始实施这套方法论之前，都经历过一段发展停滞期。你的公司可能也经历过这个阶段。很多公司发展得非常快，但达到某种看不见的极限后，似乎就难以再有所突破了。这种情况通常伴随着一段波动期：时而上升，时而下降；有时表现很好，有时又令人沮丧，常常让人有种挫败感。这种间歇性的起起落落就像坐过山车，或者更糟，像渡过波涛汹涌的大海。你应该能想象得到。即便没有内部的不稳定因素干扰领导者的注意力，来自外部的冲击也可能导致企业在短时间内彻底倾覆。

大多数创业者创办、经营一家公司，都会经历几个可预见的迅猛增长期，但每个增长期过后便进入平稳期，无法真正地实现突破性增长。

在公司发展的最初阶段，通常能实现营收从 0 到 100 万美元的飞跃。在这个阶段，你会有十几个员工帮助你实现梦想，你会证明你的产品符合市场需求，能够找到客户并将产品卖出去。一个团队有 12 人似乎已很完美，每个人什么都做一点，互相帮衬，随时可以接替别人的工作，彼此间的交流也很顺畅，可以读懂对方的想法。如果你们需要通宵工作，只要一起喝点啤酒、吃几块比萨便可以满血复活。这时，你们到达了第一层天花板。下一步，如何才能发展壮大？

当发现公司无论如何都无法进一步发展壮大时，大多数创业者才第一次真正开始思考公司该如何发展，而不是该卖什么产品。到了这个时候，你要决定接下来应该与什么样的人共事。正是在这个关键节点上，联合创始人可能会选择离开公司，因为他们发现公司要做的事情与自己的初心不符。

也正是在这个时候，你会意识到需要有个人负责记账，或者至少得有人负责客户的信用管理工作、催缴应收账款，也许还应该有人负责行政工作、办公室的日常管理等。这些可能是你跨过这个阶段的真正阻力，你得找一位有类似经验的职业导师来帮助你渡过此关。解决办法通常是去学习经管知识，读一读吉姆·柯林斯（Jim Collins）的《从优秀到卓越》（Good to Great），向人讨教如何挖到更有经验的员工。

但与此同时，资金越来越紧张了，因为你需要聘请客户经理来管理客户，无法再亲力亲为。你不得不给别人双倍于自己的报酬，所以，有时候你难免心生不忿。我们都有过这种经历，但如果不能圆满地应对这个局面，就无法实现突破。

一旦突破，你就会发现一切又开始向前疾行了。无论是因为你个人学习了新知识，还是新招聘了有专业经验的员工，提升了公司的业务能力，仅凭新增的知识和技能就能让公司实现快速增长。到了公司的年营业额为 200 多万美元时，你将拥有一个大约 24 个人的团队，比之前多出一倍。但是，现在的你们不再是个幸福的大家庭，因为你的团队会形成一个内环和一个外环。

你达到新高度，但再次进入停滞期。至此，你用坚定的决心、销售产品的能力获得了第一个百万美元，用自己的智慧、招募来的人才获得了第二个百万美元。

为了继续踏上新高度、突破新的停滞期，你需要搭起本书描述的"脚手架"，需要一支追求卓越的团队从一开始便不遗余力地用数月时间打好基础。这样的卓越团队是需要特别招募和培养的，我将它称作"增长实验室团队"（Growth Lab Team，GLT）。搭好"脚手架"，你就可以不断给气球充上氦气，带着你的公司起飞了。

2 年 3 倍增长法（2Y3X）®① 是一个为期两年的项目。实施时，你可以将整个过程分为 3 个阶段：准备（招募团队、奠定基础、让员工适应各种变化）；构建机制（创建可扩展的新业务流程）；扩展应用（制定新流程，并利用这些流程最大限度地减少资源浪费，实现增长最大化）。

---

① 2 年 3 倍增长法是本书中的一个重要方法论，其具体含义是：一个为期 2 年的项目，目标是让公司在 3 年后实现某个愿景或目标，比如 3 倍于现在的营收。——编者注

将目标落实成可靠的计划

当有人告诉我公司管理有章可循的时候，我已经经营了 15 年的初创公司。那些年，无论是从与其他创始人的交谈中，还是在自己的企业里，我都发现，大多数企业家会在每年年初设置一些目标，列出他们想要完成的几件大事，然后便着手实现这些目标。这些目标设置得颇为随意，且经常受到行业波动的影响。

举例来说，有一年我制订了一个计划，为了吸引客户，我想让公司变得更有名，成为这个领域获奖最多的公司。你可能会说，这个目标不错啊。可是，这是我唯一的目标。真实的情况是，我们受到了来自各方的冲击——我们当时已经以 3 年内盈利的承诺出售了公司，所以我不得不四处奔波，追踪并控制公司的损益表，而我以前从不会为公司的损益表操心。有时候，我们同时参加 8 个项目竞标，有时候又一个项目也没有。一个资深员工离职了，我得再招一个人来接替他。有客户对我们很不满，我们不得不竭尽全力重新研发产品、重建客户信任。也就是说，在一团乱麻中，我还要去参加评选并努力赢得奖项。

最终，我做到了。到了年底，我们真的成为获奖最多的数字化营销公司。但是那一年里，我只完成了一件事，那就是提高了公司知名度，公司并没有得到系统性的进步，而获得的各种奖项对公司所有权的顺利过渡也没有多大帮助。

大多数创始人和领导者都是这样：设定几个年度目标，希望能实现它们，如果最终实现了最重要的两个目标，那就是好成绩。

后来，我开始使用后文将介绍的工具，经过多年的改进，该工具已实现标准化，被一家又一家公司应用，一次又一次地证明了其有效性。我突然意识到一个惊人的事实，它简单得说不定会让你就此放弃阅读这本书，它就是：

有计划总比没有计划好。

仅有愿景和目标是不够的——一年中你最多只能实现三四个目标；仅有一个指导原则也是不够的，你必须有一个行动计划。

行动至上。你要有一份行动计划，包含一系列具体化的可交付成果、一系列的活动，还有一个时间表。然后，你必须坚持执行。

如果身边有一个团队来帮助你，执行计划就容易多了，所以你必须将完成计划的责任分给他人。若能够请个外部专家来指导你按正确的顺序准时执行计划就更好了，一位高水平的顾问可以教给你许多需要学习、改变或提升的东西，还可以帮助你管理团队，帮助你承担责任。

以上就是本书的宗旨所在。虽然有计划比没计划好，但能制订正确的计划更好。如果按照本书的方法来制订和执行计划，在两年内，你的营业额至少可以提升 2 ～ 3 倍。这就是本书介绍的方法论：2 年 3 倍增长法。

2 年 3 倍增长法的要领

- 重大的改变最好一小步一小步地进行。将一项宏大的计划分解为多个易于把控的阶段，这样更容易实施，也更有可能最终得以实施。

- 已在执行中的计划胜过世界上"最好的"却未被执行的计划。

- 2 年 3 倍增长法是一个为期 2 年的项目，它会帮助你招募一支追求卓越的团队，构建新的业务流程，实现最大化的增长。

SCALE
AT SPEED

○

第一部分

2 年 3 倍增长法的基础，
团队搭建与任务拆解

SCALE
AT SPEED

第 **1** 章

我们不谈战略制定，只谈如何实施

2年3倍增长法的核心，是让管理上保持一致，上下一心，并专注于现在及未来的要务。

为什么本书的重点在于制订行动计划，而不是制定战略？

因为战略这个词已经被滥用了。我曾经营一家战略咨询公司，那时候我常把战略挂在嘴边，就为了让客户觉得我很厉害。现在，人们经常把战略（总体计划）和战术（具体行动）混为一谈，这令我很无奈。本书主要讲述如何运用一套具有实操性的方法论来实现最终的战略目标，以及为实现这些目标而采取的战术性应变措施。整本书不谈战略，只谈如何实施。

举个例子，假如你的目标是以尽可能高的价格出售公司，那么你既需要了解战略背景，比如什么时候价格可达到最高；也需要了解战术条件，如买家在什么情况下会支付最高价格。而在本书中，绘制战略蓝图要从制定战略目标开始，再逆向推导出实现这些目标的先决条件和必要策略。书中提出的 2 年 3 倍增长法，描绘了一系列具有战略意义的战术活动，并对这些活动做了有序的安排。

在英国，企业的生命周期从一个高峰到下一个高峰通常会持续 62 个月左右，其中标准误差为 28 个月；而在美国，这个周期是 69 个月。因此，如果你想出售你的公司，但收购方希望在 3 年的盈利期内，根据你的公司实现的递增财务目标来分期支付你款项，那么，为了保证收益最大化，你必须算好交易时间。

如果成交金额按 3 年盈利期平均利润的倍数计算，那么在最理想的情况下，你应该在下一个商业周期高峰出现的前三年出售公司，以获得最大价值。当然，这里我们假设你的公司和商业循环周期的最佳增长规律一致。

同理，如果你的企业所在的行业生命周期有限，比如手动修饰照片，这是一种可能被人工智能取代的技能，或者是调试汽车发动机，而汽油车可能会被电动汽车取代，那么你也要考虑生命周期这个因素。你应该在行业产能过剩之前就退出或者制订一个逐步过渡的计划，从一个专业领域转移到下一个。

其他需要考虑的战略要素包括：影响人口流动或市场需求的环境变化，影响消费者外出交际或居家使用社交媒体的趋势变化，人口变动，消费者对出国旅游和环境影响等事物的可接受度的变化，原材料或人才供给的变化，以及政治因素等。

经营企业需要考虑所有这些因素，当企业领导者设定了更远大的愿景时尤其如此。有了长远的眼光，突如其来的冲击便会少一些，受到冲击的时间间隔也会更久一些。

识别并聚焦影响力最大的事项

SWOT 指优势（Strength）、劣势（Weakness）、机会（Opportunity）、威胁（Threat）。进行 SWOT 分析并列出一张分析图，有助于你集中注意力思考问题。如果你没做过，我建议你做一次，并尽可能经常做、经常更新，因为它会影响你在 2 年 3 倍增长法执行过程中的某些决定。根据我的经验，做 SWOT 分析时，每个部分只需要包含四五个项目，把团队的注意力集中在那些可能产生最大影响的事项上。只有专注于最重要的事项，你才能厘清那些对公司的生死存亡构成威胁的因素。图 1-1 是某咨询公司的 SWOT 分析图。

优势 — 内部	劣势 — 内部
清晰的内部沟通	现金流短缺
高效的业务流程	个别员工不受约束
上下一心的目标	缺少培训
出色的营销团队	40% 的营业收入来自大客户
	利润率不足
机会 — 外部	威胁 — 外部
吸引其他大客户	竞争对手进入我方利基市场
可开发的瑞士市场	员工被挖角
具备盈利能力的附加服务	大客户流失
集中确立利基市场①的领导地位	政策变化
	外汇变化

图 1-1　某咨询公司 SWOT 分析图

---

① 利基市场是指针对企业的优势细分出来的市场。这是一个小市场，且其需求尚未被满足，或者说"有获取利益的基础"。企业在确定利基市场后往往会用更加专业化的经营来获取最大限度的收益。——编者注

来看上面这个例子：如果来自大客户的收入占公司总收入的 40%
之高，一旦他们不再与你合作，你将不得不采取大量措施来维持公司的
生存。你必须尽快降低员工薪资以应对收入减少的危机，重新调配团队
结构，并采取措施鼓舞团队士气。在努力保住市场地位的同时，你还面
临着竞争对手进入你的利基市场、员工因担心前途而跳槽等局面。40%
的营业收入来自大客户，这个关键的劣势肯定会产生寒蝉效应[1]，所以，
你必须立刻关注这个问题。

该怎么办呢？你必须减少花在单一客户上的精力，减少为他们服务
的时间，以拓展其他客户或去争取别的大客户。这样，落在销售和客户
服务人员肩上的担子便加重了。相比之下，开拓瑞士这样的海外市场无
疑属于优先级较低的事项，可以等危机过去之后再展开，或者交给有空
闲的员工来负责。

史蒂芬·柯维（Stephen Covey）在《高效能人士的七个习惯》（*The
Seven Habits of Highly Effective People*）一书中提出了紧急与重要象限
图（见图 1-2），这是一个现成的参照工具。它可以告诉你，作为领导
者该如何分清哪些是对于当下或未来来说更为重要的、你应该重点关
注的事项，哪些是可以委托他人负责的事项。有人开玩笑说，这张图
是一个偷懒工具，参照此图可以减少一半的工作量。然而，它也要求
你掌握授权的技巧。希望你读完本书能被 2 年 3 倍增长法的流程吸引，
从而把现在纠缠你的日常事务交给他人，让自己从烦冗的事务中脱身，
将精力投入更为关键的战略领域中。关于如何授权的问题，本书第 2

---

① 寒蝉效应原指人民因害怕遭到刑罚或面临高额罚金而不敢发表言论。文中意为，所
  提到的劣势会给公司造成受威慑的局面。——编者注

章会进行介绍。

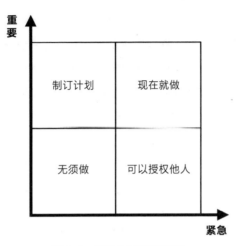

图 1-2　紧急与重要象限图

关于这个问题，我的一位同事还有一个观点。当年，我与他共同创立了一家公司，他负责管理一个部门，我担任 CEO。公司的生意颇为兴隆。

我曾经认为，维护公共关系是我最重要的工作。我花了很多时间接受记者采访、撰写文章、登台演讲、组织活动，尽力在媒体和行业中引起关注。必须承认，这类工作既令人愉快，又十分有效。我们绝大多数的潜在客户是靠公关活动吸引过来的，数年后，这些客户让我们获得了数百万美元的销售额。

然而，身为 CEO 的我也是公司主要的销售人员，公关工作带来的项目竞标也都由我来主导。有一天，有人向我提出了意见。我同他坐下详谈，他直截了当地指出，我全权负责公关工作的安排太愚蠢了。但我反驳了他提出的所有意见。

于是，他给我算了笔账。我在公关和销售业务上各花了 30% 的时间。但是，我在公关业务上所做的事情，任何一名公关专员都可以做，但与此同时，没有人能像我一样出色地推销公司的业务。换言之，如果将公关工作授权于他人，我可以在销售业务上增加一倍时间。

我恍然大悟。于是我调整了工作方法：别人能做的事情，我就不再经手。别人甚至做得比我更好，公司的业务也因此逐渐兴盛起来。

以终为始，拆解战略目标

老子说："千里之行，始于足下。"

史蒂夫·乔布斯也曾说过："只有回望过去，你才能看清各个节点是如何串联在一起的。"

人生就是一场探索之旅，我们无法确定脚下的路通向何方。相比于按计划有序进行的旅程，我们的人生之旅充满了偶然性。然而，在商业世界，你是与未来的自己做交易。创业者当然不愿失败，每个人都只求成功。当你有了一个愿景，即使它再模糊不清，你也希望看到它变成现实。你设定了各种目标，希望能一一实现。

经验与教训可以为制订未来计划提供养分。事实上，这的确是审慎之举。然而，出于各种原因，企业家大多会将前人的错误通通犯个遍，甚至遭遇完全相同的失败，却很少去寻找经验丰富的人为企业的经营与发展提供指导。殊不知，真正的明智之举是避免其他企业都会犯的共性错误，尽可能多掌握一些于己有利的捷径，并加以实践和应用。如此才能大大降低无法达成目标或经营失败的风险。

通过总结、借鉴他人的经验教训，你可以建立起稳定的业务流程，从而为公司发展奠定稳固的基石，促进公司不断成长，增加公司利润。另外，借鉴他人经验也能在恰当的时候将你从程式化工作中解脱出来，专注于发挥想象力、打造创造力，更好地迎接未来。

要想知道怎么走，最简单的方法是搞清楚自己想开启一段什么样的旅程。对理想中的未来是什么样的，你要有一个大致的想法，即使那并不是最终目标，只是中途的一个步骤。就比如我的攀登之行，不过是我为期一个月的尼泊尔之旅的第一天要做的事情。你应当描述清楚这样的中间步骤，确保整个计划与其他计划以及你的团队计划保持一致。

设置一个 3 年目标是个有效的办法。3 年，说短不短，因为 3 年里我们可以完成许多事情；说长也不长，3 年里发生的很多事情我们都能清楚地记得。光阴似箭，3 年后，你可能发现自己差不多已经实现了那个目标；哪怕到时目标确实发生了变化，你也会觉得调整目标并非难事。

因此，我们要采取的第一项行动，就是确定一个 3 年目标。确定目标后，逆向推导，确定达成目标所需的各种条件。可以从后往前推导，直到明确当下必须开始做的工作。

我正是根据这个方法编写了本书。书中介绍的方法与尼泊尔向导教给我的攀登方法完全相同，都是站在山顶回望来路，设置各个节点，并绘制路线图。实践时，我们需要不断回顾这些节点，适时调整节点的顺序、位置，优化节点任务的规模、频次及幅度。

2 年 3 倍增长法就是这样设计、修订、传授并付诸实践的。虽然它是不断迭代的成果，却一直是从"曲折山路尽头的山顶"向下俯瞰开始的。"山路尽头"是诸多高远的目标，那里正是你 3 年后要达到的终点。这些目标涉及营收、企业文化、产品的性能标准等多个方面。比如，这些目标可能是以下这些：

- 赚取 200 万英镑净利润（息税前利润[①]或营业利润）。
- 跻身《时代周刊》百强雇主榜单。
- 荣获"年度最佳企业"称号。

接下来，我们要找出实现这些目标需要采取的措施。例如，目标是赚取 200 万英镑的息税前利润，假设理想的净利润为 20%，那你必须取得 1 000 万英镑的毛利润。基于所处行业的标准，你很可能需要雇用 100 名员工，人均毛利润即为 10 万英镑，并且你需要保证始终能获取 20% 的净利润。上述每一项条件都可能要求你对当前的局面进行较大变革。因此，我们将现实与目标之间的差异进行分解，形成一系列循序渐进的执行步骤。为更简单明了地说明如何运用 2 年 3 倍增长法，我们将这些执行步骤划分为五大主题领域：

---

① 即未扣除利息也未扣除所得税的利润。——编者注

1. 员工。
2. 客户。
3. 销售和市场。
4. 业务流程。
5. 财务。

将 3 年目标分解成第三年必须实现的一系列事项之后，我们需要对到达最终目的地的整个过程进行逆向设计。以其中一个目标为例，比如"雇用 100 名员工"。如果你现在有 30 名员工，那么，目标就是要增加两倍多的员工人数。有了 100 名员工，就需要设一个中层管理团队对他们进行管理，还需要一个高管团队来物色、招聘并培训这些中层管理人员。所以，你需要判断：公司中是否有高管团队？他们是否接受过必要的相关培训？他们是否已制订好管理计划？为了雇用 100 名员工，你必须做好这些事情：

- 雇用到 100 名员工。
- 建立中层管理团队。
- 组织管理层培训。
- 物色中层管理人员。
- 制定企业增长战略。
- 组建一支增长促进团队。

通往"雇用 100 名员工"这一目标的，是一条清晰的、自上而下的直线型路径。但是，别忘了你还有另一个目标，那就是"跻身《时代周刊》的百强雇主榜单"，这个目标的影响会涉及各个方面，你需要有：

- 100 名积极进取的员工。
- 卓越的中层管理团队以及跻身"百强雇主"的内部方案。
- 包括管理培训、员工培训等的培训制度及员工激励制度。
- 企业增长战略以及员工敬业度计划。
- 一支增长促进团队。

到这里，你的计划内容更丰富了，涉及面也更广了，这要求你秉持全局观。完成了这些小目标，荣获"年度最佳企业"称号这个目标也差不多能实现了，但你还需要增加一项公关计划，包括奖项参选、质量控制、客户满意度等事项。

2 年 3 倍增长法的奇妙之处在于，那些看似简单却高远的目标，包含大量的必经环节和必要行动。可能你会觉得它极其复杂，但是你可以把所有大目标一一分解成诸多小行动，再将这些小行动以任务的形式分配给大家。只要处理得当，就能让所有人都觉得，那些看似繁杂的目标其实简单得很。

我们还可以把所有行动清晰地划分成不同的阶段，按月度、季度和年度来执行，这样管理起来比较容易。将 3 年目标细分成 3 个年度的目标，每一个年度目标又进一步分成 4 个季度的任务。而每个季度的任务，又依次被分解为 3 个月度目标：第一个月，调查研究；第二个月，设计方案并测试；第三个月，实施方案。

这样，3 年内你便能够完成 12 项促进变革的大行动。如果你有个 5 人团队来做这些具有战略意义的任务，那就相当于 3 年里你们总共完成了 60 个变革项目，但每个人一次只负责一件事而已。这就是 2 年 3 倍增长法能成功的原因：它看起来毫不费力。但同时它也颇有效率，只用数年时间，你便能差不多完成实现 3 年目标所需的所有改变。我之所以将它命名为 2 年 3 倍增长法，是因为它是一个为期 2 年的发展计划，能帮助你在 3 年后实现 3 倍营业额的增长。

不过，要实现那 3 个远大目标，虽然看起来好像只需开展 20 项行动，但是为了让公司实现规模化发展，你必须做好大量的基础性工作。本书中的许多内容看起来都是常识，有些部分你可能已经有所了解，但只有将所有这些内容按正确的顺序放在适当的位置，并将它们织成一张纵横交错的牢固的网，企业才能健康发展。

当你铺垫好所有的基础性工作，完成所有的基础性改变，夯实所有必要的关键职能及整体结构后，公司便能飞速发展，甚至速度可能快到你都意想不到。在 2 年 3 倍增长法下，公司的整体发展趋势如图 1-3 所示。

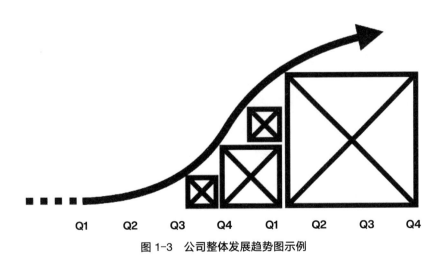

图 1-3　公司整体发展趋势图示例

搭建系统的战略蓝图

下面，我们来看看战略蓝图是如何生成的。

首先，我要向一些人表示感谢。战略蓝图的概念来自罗伯特·卡普兰（Robert Kaplan）和戴维·诺顿（David Norton）[1] 所著的《平衡计分卡》（*Balanced Scorecard*）一书中的那些基本原则，以及凯捷咨询公司（CapGemini）为完成大型技术改造项目而开发的工具。2 年 3 倍增长法尽管不包含战略环境分析工具，但是部分工具是基于吉姆·阿拉姆皮（Jim Alampi）的"执行力放大器"（Execution Maximiser）发展而来的，而执行力放大器这一工具本身又承自维恩·哈尼什（Verne Harnish）的著作《指数级增长》（*Scaling Up*）。

《指数级增长》是一本不同凡响的企业发展指导手册，但是实现指数级增长需要大量资源，且执行过程极其复杂。对大多数中小型企业而言，理解、实施、大规模应用书中介绍的流程和工具实属不易。另外，对大部分工具进行持续管理也需要很多资源。

不过，本书内容是 25 年来我将各种企业管理法则的实际应用经验精炼而形成的足够简单又非常实用的方法。你无须分散精力去思考诸如目标、愿景、使命、品牌承诺之类的东西，虽然这些因素都很有价值，但只有当你没有其他事情需要解决，且年增长率达到 40% 以上时，才需要考虑它们。

---

[1] 应用"平衡计分卡"这一工具可结合卡普兰和诺顿合著的《平衡计分卡战略实践》，这本书堪称以平衡计分卡理论为核心进行战略管理的集大成之作。该书中文简体字版已由湛庐引进，浙江教育出版社于 2022 年出版。——编者注

所以，2 年 3 倍增长法是个发源于多个杰出理论的工具，且已经过简化，很适合小型的高管团队用来推动企业实现快速增长。2 年 3 倍增长法的主要内容由战略蓝图发展而来，下面会先说明如何制作战略蓝图。

按照执行的顺序，这个计划包括以下阶段：

1.　设定目标。

2.　创建团队。

3.　确定价值观及统一的价值主张。

4.　制定战略蓝图。

5.　制定 2 年 3 倍增长法的路线图。

6.　用一个季度的时间进行试验。

战略蓝图相当简单，如图 1-4 所示。

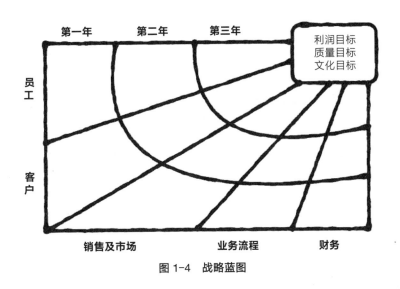

图 1-4　战略蓝图

图 1-4 中，右上角列出的是目标，以目标为核心按年度划分出 3 个部分，5 个板块呈放射状分布，分别是员工、客户、销售及市场、业务流程、财务。

放射状部分代表的是公司运营的关键领域。你可能注意到这里并没有产品。在我们的方法论中，我们认为产品是企业管理中的一种功能。换句话说，如果产品质量对客户保有率或市场定位有一定影响，那么所有与产品改良有关的活动都应该包含在客户、销售及市场这两个对应的板块中；同样，创新规划应包含在业务流程板块中，设备投资要包含在财务板块中。

如此一来，2 年 3 倍增长法的整个流程就都与业务管理相关，而非围绕产品展开。也就是说，无论你做的是什么产品，只要管理上保持一致，上下一心，并专注于现在及未来的要务，公司的业务都可以进行调整、改善，并实现快速发展。

每个扇形部分所代表的板块都要从最终目标进行逆向推导。比如，如果目标是做好出售公司的准备，那么在第三年的员工板块，这一年的任务必须包括增长实验室团队形成，为公司储备人才；前一年的工作就应该包括开展增长实验室团队培训。再往前推一年，也就是明年的工作，便至少要包括甄选增长实验室团队的成员，制订好相应的培训计划和激励计划（见图 1-5）。

为了完成明年的任务，你需要选定增长实验室团队的候选人、确定所需的培训，最后还要为他们制订相关的激励计划。

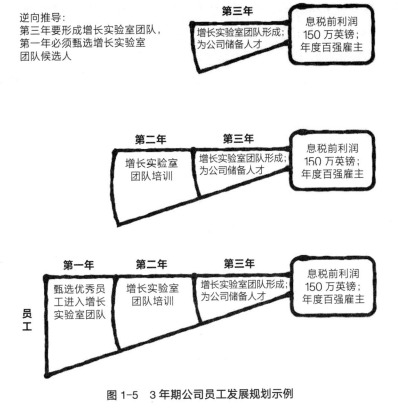

图 1-5　3 年期公司员工发展规划示例

　　在员工板块还会有一些额外需求，这是从外部视角对企业进行观察得出的改进需求，比如，随着公司的业务扩张，需要新招聘一批 A 类员工作为骨干。这意味着需要正规的招聘策略，建立恰当的人力资源流程。而这部分工作归属于业务流程板块，具体包括制订员工发展计划、设计工作表现评分卡、设置 KPI 等。

　　记住，以终为始，分析为了第三年年底能够实现目标，公司应当达到怎样的状态，需要具备哪些条件。只有明确了这一点，你才能逆推出第二年需要完成什么工作、具备哪些条件，才能顺利推进第三年的工作。可以看到，这些步骤非常有效。我们越清楚这一点，就越能清晰地确定所需完成的任务。图 1-6 是按照逆向推导的方式制定战略蓝图的示例，如你所见，通常情况下，第一年需要完成的任务多达 16 ～ 20 项，涉及全部板块；接着，我们进入第二年，完成一系列新的工作任务；然后进入第三年，向着目标进发。

这一过程在多个层面都很相似。有些事情看起来涉及面很广，但它们可以分解为一些小任务，如此一来，这样的任务确定方式也适用于基层员工或新建部门去下放一些小任务，而所有小任务叠加起来，便促成了公司最高层设定的季度任务的实现。

以上就是战略蓝图的生成过程。战略蓝图可以明确明年你需要完成的任务、采取的行动及作出的改变，并推动你去建立团队来完成它们。这些任务将按优先级进行排序。我曾与许多公司的所有者及领导团队合作，包括市场咨询公司、广告公司、人力资源公司、后端开发商、私募股权公司、控股集团、机器学习公司以及科技初创企业。无论公司身处哪个行业，在无数次制定战略蓝图的过程中，许多相同的问题会反复出现。

伟事达（Vistage）是一家专业的 CEO 培训机构，拥有 23 000 名 CEO 会员，我也曾是其中一员。我从那里学到了一点，那就是所有企业都有相同的成长烦恼。我自己经营过 6 家公司，还在 10 多家公司任董事会主席，从这些经历中，我发现，无关企业当下的规模大小，只要你想更上一层楼、扩大企业规模、提高企业市值，那么，在每个快速增长阶段的初期，你需要解决的问题其实十分相似。

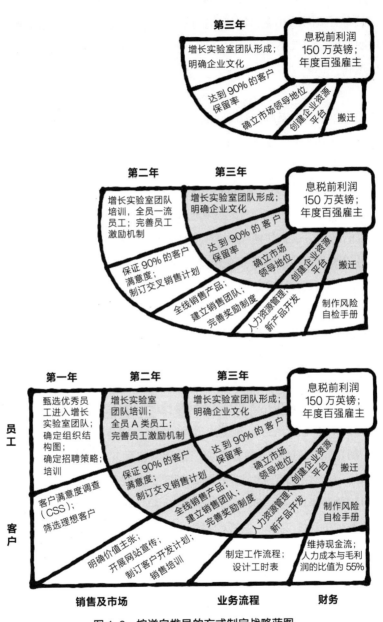

图 1-6　按逆向推导的方式制定战略蓝图

其中有些问题在你制定战略蓝图时便会自然显现出来。本书接下来将说明如何制定战略蓝图，并介绍一些普遍适用的工具，让你公司的变革更顺利。

战略蓝图是个系统性计划，威力巨大。通过定期主持月度业务进度通报会，你会发现，只要坚持不懈，甚至在前 6 个月就能发生巨大变化，这种变化的速度一开始可能很慢，但后面会迅速提升。正因如此，2 年 3 倍增长法才能最终帮助公司实现收入翻番的目标。

我们已经讨论了如何建立加速增长的基本结构。接下来，在深入分析战略蓝图中的每个关键领域之前，我们需要明确公司的重中之重究竟是什么。

不过首先，我们还是要以终为始：设定并定义你的目标。

始终明确公司的重中之重是什么

《从优秀到卓越》的作者吉姆·柯林斯认为，每家公司都应先提出一个真正"胆大包天"的目标，再来拟定企业使命。他将这个目标称为 BHAG，即宏伟（big）、艰难（hairy）而大胆（audacious）的目标（goal）。我很喜欢他的这个说法。这样的目标会迫使你去做以下这几件事：

- 想象自己在未来获得了惊人的成绩，到达自己潜能的顶峰。
- 想象世界因你的努力而变得更加美好。
- 真正胸怀大志，不满足于缓慢地进步。

举几个著名的例子。亚马逊的使命宣言曾经是"以任何语言印刷出版的任何一本书都可在 60 秒内下载下来"；微软的使命宣言则是"让每个家庭的桌上都有一台电脑"。

如今这些宣言已家喻户晓。正因为这些使命宣言如此野心勃勃甚至"胆大包天"，才成为现实。为什么？因为它们被清晰地表达了出来。若非如此，这些企业会一直只追求小小的成就，也就不会取得上述成功。设定企业使命需要有远见，需要长远的眼光和勃勃的野心。有了清晰的愿景，向合作伙伴、客户、员工以及家人描述起来就会比较容易；若没有，他们不知道该相信你什么。"我相信你，女儿"与"我相信你要做的事情，女儿"这两种激励的话语相比，后者传递的能量更强大，因为后者的表述中有便于传播的内容。为了让大家集中精力，全力以赴、坚持不懈地执行一项计划，群体宣传的影响力至关重要。

BHAG 一般是一个 10 ～ 30 年的目标，且这个目标有确切的成功指标，一旦达成这项指标便意味着你实现了目标。从长远来看，这一目标的确能起到激励人心的作用，它是一家公司业务发展的基本框架。然而，考虑到我们的目的，过于长远的目标会显得不切实际，我们寻求的是一个为期 3 年的目标。

不过，设定某种远大的目标是有益的。当年我经营自己的数家公司时，至少在公司创立初期，我们常常漫无目的，没有任何增长性目标，任凭公司自然发展。我最初创立的两家公司的愿景是改变世界，但我们没有设定任何财务目标，所以尽管这两家公司在数字化革命中发挥了重要作用，却都没能取得财务上的成功。

在过去的 25 年里，我与很多公司合作过，这些公司最初普遍认为业务增长是个渐进的过程。他们都是从当下开始一步步前进的，而不是先思考自己要抵达何处。设定渐进的目标，比如，年增长率为 10%～15%，最终结果总是不尽如人意，营业额仅仅持平，甚至由于误差，实际上业务反而在收缩。因此，达成一个特定的财务目标，意味着你的目标线是按年份而不是按数值在移动。漫无目的地任由企业自然发展，或者设定渐进的目标，这两种方式都不一定会带来快速增长或财务上的成功。

设置 3 年目标时，不要在意现在的状况，要把注意力集中在希望达到的理想状况上，这会给你创造更多的空间来激发想象力，让你的目标宏伟、艰险且大胆。根据我的经验，目标越宏伟、越大胆越好。为什么？因为它会倒逼你描绘出一个愿景。

有了一个真正雄心勃勃的目标，你会被迫开始横向思考。若想获得 10 倍于当前水平的利润，就不能墨守成规，仅靠压缩成本或提价 10% 是行不通的。你可能需要融资，并购三四家别的企业。如果是这样，应该并购什么样的企业？要如何做准备？需要掌握哪些新技能？需要聘请具备什么能力的员工？突然间，你会进入一个全新的局面。毕竟，如果目标是成为全国最杰出的雇主，那要做的事情可不仅仅是每周二下午给员工准备水果那么简单。

如果你是个不愿意想得太远的人，那么设定远大目标还有一个较为现实的原因，那就是目标往往不一定能达成。我曾与一家机构合作，这家机构后来 5 次赢得了业内年度最佳公司奖。开始合作时，他们正临近财年末。我和公司所有者讨论目标。我问他们上一年设定的目标是什么，他们说是 240 万英镑的营业额。年终结果怎么样？"几乎实现了，还差一点点，不过我制订了一个员工激励计划。"那年年底，他们离目标只差 400 英镑。

但现实中更常见的情况是与目标相差 10%。如果你的目标是 240 万英镑，差了 10%，那结果就是 216 万英镑。你可能觉得还不错。但假如前一年你完成了 218 万英镑，而今年的营业额距目标 240 万英镑差 10%，那仅为 216 万英镑，比去年更低。所以，设定更高的目标，能消除因未达成目标而造成营业额同比下滑的可能性。将目标设定为营业额翻一番，若最后差了 10%，整体营业额仍然增长了 80%。

这里还有个心理因素在起作用：我们往往认为大数字比小数字更难实现。如果对宏大的目标感到有压力，可以把它分解成小的、听起来更容易实现的目标。

我虽不精于数字却也明白，两年内营业额翻一番，听起来比每月增加 3% 要困难得多，但若能保证月增 3%，两年内就能实现 100% 的增长率。或者，要想实现两年内营业额翻一番，实际上每年只需要增长 40%；若是 3 年内营业额翻一番，那么每年只需要增长 26%，这样就很容易做到了！与我合作的公司通常将目标设定为"3 年内营业额增至 3 倍"，这样的目标迫使他们转变思路，深入思考要想让公司在体量上更上一层楼，需要做出哪些改变。

目标设置理论

企业家们都很清楚，挑战越大，成功的可能性就越大。埃德温·洛克（Edwin Locke）是位心理学家，他主要研究设置不同类型的挑战所产生的影响，以及针对这些挑战所进行的不同方式的描述、排序及管理如何影响最终结果。1968 年，洛克写了一篇名为《有关任务动机和激励的理论》（*Toward a theory of task motivation and incentives*）的论文，他的目标设置理论（goal-setting theory，GST）后来得到了反复验证。洛克的主要观点是：

- 目标越难，绩效越好。
- 具体的目标能比含糊其词的目标带来更好的产出。

洛克后来的一项研究也表明，在依据上述规则设置的挑战中，90%的结果都优于没有挑战性的或不具体的目标。

还有个有趣的现象：设置目标后的绩效还与目标的期限相关 [1]。将大目标划分为多个小目标，且在较短的期限内完成，那么回报递减的可能性便会小一些。若是目标太遥远，到了一定时刻即时压力消失，回报便逐渐减弱。换句话说，如果设定了一项非常艰难的远大目标，却不设置一些中级目标，便会毫无意义。假如导游一开始就告诉我要爬 6 000 级台阶，我永远都登不上尼泊尔的山顶。我完成了登山途中的一个又一个小目标，才最终登顶。

因此，你设置的目标必须有点难度、具体、离当下够近，这样挑战的力度就不会随着时间的推移而逐渐减弱。多个这样的目标累加起来，

---

[1] 这一结论出自皮尔斯·斯蒂尔（Piers Steel）和科尼柳斯·柯尼希（Cornelius Konig）所写的《时间动机理论》（*Temporal Motivation Theory*）一文。

就会实现那个主要的长期目标。

洛克和同为心理学家的加里·莱瑟姆（Gary Latham）还强调了反馈在这个过程中的重要作用。这种反馈需要来自外部，并且关乎每项任务中的业绩表现。在我看来，这正是请外部顾问来指导 2 年 3 倍增长法的重要原因。你需要有来自组织外部的专业人士来检验工作进展，在你迷茫时给予你指导，在遇到困难时给你鼓励，最终引导你实现目标。

目标设置理论实际上还提出了各项任务的先后顺序。学习类目标必须先于与任务执行相关的结果类目标。因此，实施 2 年 3 倍增长法路线图中的任务时，要先做好基础工作，收集数据并进行调研，然后才设计方案、推行新的业务流程。同时，推行新的业务流程又拓宽了公司的业务范围，最终 3 年期总目标大于各部分目标之和。2 年 3 倍增长法之所以有效，是因为它从更小、更容易实现的任务开始，逐渐树立信心、积累能力，然后才开展更复杂的、覆盖整个公司的任务事项。目标设置的规则如下：

- 设置的目标要有难度，但可以实现。
- 目标要具体。
- 长期目标和短期目标要相结合。
- 致力于实现目标。
- 先设定学习类目标，再设定结果类目标。

这引出了目标设置理论的最后一点：一个人的自我效能感越高，即越相信自己能完成一项任务，就越有可能设定颇有挑战性的任务。你所组建的团队需要用正确的方式进行管理：先学习后行动，对绩效给予反馈，持续地进行信心建设。这样，6 ～ 9 个月后，你会发现你的团队变得极为高效。而选择合适的团队成员，对塑造你未来的业务也至关重要。

设置长期目标

当被问及未来一年的增长目标时，大多数经营稳定的人会给出一个很"合理"的数字，一般都是增长 10% 或 20%。人们都喜欢设定那些自己觉得可以轻松实现的目标。

然而，如果我们没达成目标，最后差了 10%，那便是只增长了一点或没有增长。这种做法会将我们置于市场波动和意外危机之中，比如，某个大客户选择了其他供应商，某个资深员工跳槽去了竞争对手公司或者是罹患重病。这样的后果是业务停滞，业绩时好时坏，无尽的压力袭来。如果无法建立现金储备，也没有利润可以推动增长，几年后，即使再坚定的企业家也会感到倦怠，开始失去焦点。所以，只有一件事能持续激励企业家，那就是持续的成功，而不增长就如同失败。员工亦是如此，老员工中，往往优秀一点的是 B 类员工，差一点的就是 C 类员工。一旦员工缺乏斗志和活力，将影响潜在客户对公司的评估，最终导致公司业务逐渐衰败，你只得趁着公司还正常运转时赶快出售，退休了事。

如果设定的目标很激进，期限又太短，会让人觉得不合情理。要想在一年内毛利润翻一番，可能需要大量的投资。即使有美好的意愿，也有资金聘请新的销售人员、项目经理、生产人员，或者引进新的生产设备，这个目标也不可能实现。因为招聘这些人员需要数月，之后，他们还需要数月时间才能跟上业务进度、创造营业收入。设定一个注定失败的目标是没有意义的，所以大多数人在考虑下一年的目标时都会自然地避免这种情况。

那么，我们该如何设定看似"不合理"但可以实现的目标呢？

为了解决上述矛盾，可以借用一下复利原则。假设你希望两年内将毛利润翻一番。顺便提一下，这里设置毛利润目标可以让你不用考虑是否能取得最理想的 20% 的净利润。表面上看，两年内翻一番这个目标野心过大，大多数人都会望而却步，但是如果你一次只前进一小步，比如每个月增长 3%，在复利原则下，这个目标就变得更容易让人接受了。

我的经验是，设置目标时以 3 年为限比较有效，这样才有足够的时间执行新战略、扩充实现目标所需的资源，企业才能加速发展。

若目标是 3 年内实现 3 倍于现在的毛利润的增长，也只需要每月增长 3%。到最后，即使你离目标还差 30%，公司的毛利润也增长了 2 倍多，你也有了增长所需的现金，以及足够的成就感。客观而言，这样的企业家称得上是成功的，因为他为股东创造了更多价值，为公司带来了更强的稳定性，还为员工营造了更振奋人心的工作氛围。

如果能达到上述效果，3 年目标实际上是什么就没那么重要了。假如现在你有一份强劲的资产负债表，资金储备是月度成本的 3 倍以上（后文有关 KPI 的章节会详述），且现金流依然充足，那么你可能希望提高目标，通过收购其他企业实现更迅猛的增长。在本书中，我会继续用 3 倍来举例，因为事实证明，使用该方法实现 3 倍增长是现实的、可行的，并且过程会非常鼓舞人心。

所以，你现在有了个顶线目标：3 年内实现 3 倍毛利润的增长。你还需要有一个基础目标：净利润占毛利润的百分比。我合作过的大多数企业把这个目标定在 20% 上下。低于这个值，意味着可能缺少增长型投资，也无力为突发事件或市场变化提供缓冲；而超过这个值，说明你留存了太多现金，且必须将这些现金分给股东，而无法用于创新投资以保持市场领先地位、满足客户的未来需求，也无法用于再投资以促进增长。

如果把超额利润再投进来继续推动公司增长，将来出售公司时，若按利润或营业额的倍数计算，公司的市值会大幅增加。公司规模越大，出售时的利润倍数就越高，因为大公司的风险相对会小一些，且一般都有降低经营风险的策略，这对收购方颇具吸引力。本书也会介绍一些相关策略。若净利润是 50 万英镑，收购方的出价可能是 3 年平均净利润加 3 倍；若净利润是 100 万英镑，收购方的出价可能是 3 年平均净利润加 5 倍。这两者的差别巨大：

3 年平均净利润（40 万英镑）× 4（倍）=160 万英镑

3 年平均净利润（80 万英镑）× 6（倍）=480 万英镑

换句话说，公司获得 2 倍净利润，公司的出售价格就会超过 3 倍。获得 3 倍净利润，公司的出售价格将超过 7 倍，具体市值变动如图 1-7 和图 1-8 所示。

	息税前利润（英镑）	倍数	市值（英镑）
第 1 年	40 万	4	160 万
第 3 年	80 万	6	480 万
	2 倍		3 倍

图 1-7　3 年内息税前利润达 2 倍，市值将达到 3 倍

	息税前利润（英镑）	倍数	市值（英镑）
第 1 年	40 万	4	160 万
第 3 年	120 万	10	1200 万
	3 倍		7.5 倍

图 1-8　3 年内息税前利润达 3 倍，市值将超过 7 倍

正因如此，公司所有者应该少拿点薪水，为公司利润多做些贡献。由上述内容可以看出，长远来看他们能赚到更多的钱。

如果你有意出售公司，打算在某个时候放手交由高管团队去运营，那你应当给继任者某种激励，让他愿意留下来继续将公司发展壮大。同时，恰当地激励员工也会增加公司对潜在买家的吸引力。你可以给继任者一些股票或期权，哪怕份额相对较小，也会为你创办和发展公司所付出的努力带来回报——那些股份会有效激励继任者和员工为公司的壮大不断努力，股票价值越高，其激励作用就越大。

制定激励机制

我们还应该设置哪些目标呢？财务目标看起来非常直接明了，但是，尽管它可以指导业务规划，却起不到激励员工的作用。

我经常听到员工抱怨公司把钱看得太重，这种情况不可避免地也会让员工转而质疑公司的资金流向。许多员工会认为公司的利润都进了所有者的腰包，觉得自己辛勤工作只是满足了公司高层奢靡的生活。这种情况下管理者就有了麻烦：员工看到公司达成利润目标，便会要求加薪、升职，如果这些要求无法被满足，员工就会缺乏工作动力，因为并非所有人都对还没到手的钱感兴趣；有的员工甚至不顾公司的长远发展、客户满意度、产品或服务的质量，只专注于短期利润以期达成既定目标。

中型或大型公司中，如果一味地追求利润，还会引起内部派系之争甚至部门的分裂，各个部门都认为自己的工作带来了收益，而不从大局出发，考虑公司利益。例如，财务部门要求降低供应商成本，而这可能会造成供应商的货品品质或生产效率降低，进而给项目管理人员带来压力，货品或服务无法及时交付，客户满意度降低。接着，能力强的员工对公司感到失望，开始寻找其他工作，员工流动率增加，人力资源部门的招聘和新员工入职的成本也随之增加。这一切后果都源自财务部门想达成公司的利润目标而已。因此，我们需要有一个明确的目标。这一目标要有些难度，既能激励员工，又能团结企业中的所有人，而不仅仅是对公司所有者有利。

无论采取什么方式，都必须从本质上推动你想要达成的财务结果，而不是简单地参照财务目标。优秀的管理者设置的目标能够鼓励公司内部形成正向的行事方式，鼓励员工与公司其他部门融合，而不是制定错综复杂、可能导致内部分裂的激励策略。在后面的章节中，我们会讨论如何设定个人绩效目标及其衡量标准，但现在，你需要找到一个简单明了、可量化、起到激励作用的方法作为衡量成功的标准。设定任何目标及衡量标准时，无论如何都必须有一条"进球线"，那就是人们需要看到自己正朝着这个目标前进，并清楚自己是何时实现目标的。在你设定了一个雄心勃勃、鼓舞人心的 3 年目标后，如果实现了，要紧接着寻找下一个目标。每年都应当重新审视公司战略，为 3 年后成长为更大的组织做准备，这样做对持续保持专注力、持续取得成功而言至关重要。我发现下面这两个方法对设定目标很有效。

设定目标来提升客户满意度

你可以设定一个 3 年目标，即将客户满意度持续保持在 95%。对员工而言，这是个很明确的目标。它可以鼓励大家协同并进，一起找出最佳方法实现目标，最终一定会改善客户关系。这样，来自客户的推荐更多了，公司重复业务也增长了；营业收入增加了，销售成本降低了，员工保留率也增加了，公司利润当然也更高了。此外，客户满意度高还能让公司赢得行业认可，比如，客户满意度持续保持在 95%，这一结果可用于公关宣传、参加行业评选、获得客户推荐等。如此一来，又可以吸引更多、更优质的客户，吸引更高素质的员工以及潜在的收购方。

一些行业奖项的评选也能达到此目的。英国的 Drum 推介奖（The Drum Recommends Awards）便是以第三方收集的客户满意度为基础进行评选的。还有些奖项不直接以客户满意度为标准，却拥有很高的可信度，由行业及同行评选出各行业表现最佳的公司。无论是数据公司、食品服务提供商，还是航空公司、猎头公司或是 IT 咨询公司，如果能连续两三年获得年度最佳企业奖，便有了一个强有力的成功指标，证明人们认可你的公司处于或接近所属领域的巅峰位置。

设定目标，激发员工的积极性

有一家我合作过的公司，设定了一个入选《星期日泰晤士报》（*Sunday Times*）"最适宜工作的 100 家公司"榜单的目标。为了实现这一目标，该公司专门成立了一个委员会。委员会计划推出一个行动方案来提升员工的参与度、满意度及传播度，当然，他们也深知利润目标不容妥协。这当中涉及大量工作，但通过这一目标设定，员工得以知晓老板下定了决心，要把公司打造成一个出色的工作场所。员工参与度增强，创造力和创新能力得到提升，客户满意度和员工保留率也提高了，并且鉴于优秀人才会相互吸引，连带招聘成本也相应降低。所有这些改变，都为公司带来了更多利润。

在任何公司，以客户满意度为目标似乎都是理所当然的选择，但对依赖人才来吸引、留住客户或招聘高素质同事的公司来说，设定一个客观的员工激励目标也是个聪明的做法。

然而，若将员工满意度设定为唯一目标，可能会诱导管理者做出错误行为，毕竟管理者"讨好"员工很容易，例如，允许员工随意休息、给员工很多假期或使其快速升职加薪。但升职加薪过快也可能产生意想不到的不良后果。管理者的这种好意实际上可能对公司的效率、客户满意度或利润带来损害。把目标与一整套客观的标准联系起来，比如《星期日泰晤士报》"最适宜工作的 100 家公司"的评选标准，才能更有把握地用一种均衡的、协同合作的方法来达成这个目标，而不是只为员工个人的直接目标服务。还有一些指标，比如净推荐值（Net Promoter Score，NPS）①或格拉斯多（GlassDoor）②的企业点评，也是非常有用的衡量标准。一旦设定了类似持续保持超过 90% 的严苛目标，你就得采取新型的、正向的管理模式。

作为公司的领导者，你有责任最终制定一个有助于上下一心、团结一致的发展战略。2 年 3 倍增长法的路线图架构实质上是为达成一系列目标而生成的一块空白模板。要想在公司创造出同心同力的凝聚力，最佳途径是在团队协同合作下，共同确定实现这些目标所需的所有要素，并按优先级进行排列。这才是公司从上到下建立起员工真正参与公司建设的氛围的可靠方式。并且，如果你邀请一些较为基层的员工，让这些"未来之星"一起参与，也将有助于让全体员工意识到公司的未来与自己息息相关。

①净推荐值是一种计量指数，代表某个客户将会向其他人推荐某个企业或服务的可能性。——编者注
②格拉斯多是美国排名第二的求职网站。——译者注

SCALE
AT SPEED
2 年 3 倍增长法的要领

- 鉴于企业所处行业当前及未来市场的需要，每家企业都须清楚自己的战略是什么。

- 从一开始就确定好 3 年目标。既要足够远，有愿景；又要足够近，触手可及。

- 目标设置理论已经证实，目标越具挑战性，高绩效团队实现目标的可能性就越大。

- 要想在公司创造出同心同力的凝聚力，最佳途经是让团队协同合作，共同确定实现这些目标所需的所有要素，并按优先等级对这些要素进行排序。

SCALE
AT SPEED

第 **2** 章

构建关键的增长引擎：增长实验室团队

决策能力得到提升的关键，是允许失败。

要能力最强而不是薪水最高的人

为了实施 2 年 3 倍增长法，你要召集一批人，培育下一代管理团队。经过一番锻炼后，最终他们会接管你的公司。同时，这群人里应该包含一些"未来之星"，他们可能不会马上接替当前的领导团队，但可能成为第三代管理者。

作为公司所有者，如果你的目标之一是转移股权后退出公司，那你必须提前做好继任安排。所有潜在的收购方都清楚，一旦盈利期满、交易结束后，出售方极有可能迅速抽身离去。在此之前，指定的接任团队必须就位，团队成员要么正在接受培训，要么已经就任某个管理岗位。为了团队的稳定，这些人必须获得适当的激励，当然事先也要向他们发出风险提示。这时，新团队是最理想的培训场地，在这里，团队成员除了要学习规划战略、协同执行变革行动外，还要学会承担责任。

新团队通常由公司的高管组成，但你也应该让更多潜在的未来之星——那些行动力不逊于高管的基层员工加入。因为高管往往擅长管理团队，但在其专业之外的战略性项目的交付上表现欠佳。该团队的终极责任是实现业务的增长，因此，他们要解决发展道路上的重大障碍，开发新的业务流程或制定新的发展战略。

最初，在实践本书介绍的方法论时，我想当然地认为现有高管团队就足以规划和执行路线图中的那些变革行动。然而，两个客户让我意识到了自己的错误。其中之一是一家相当年轻的公司，我曾为其主持董事会。该公司有一位性格直率的 CEO 和一位初级合伙人，他们自公司成立便一直在公司任职。公司成立之初，他们的知识和人脉都是无价之宝；可时间一长，CEO 进步很快，初级合伙人却有些跟不上了。可想而知，两人产生了隔阂。公司制订发展路线图及行动计划后，CEO 经常在会后把我拉到一边抱怨两人的分歧。于是，两三个月后，我们决定买下初级合伙人的股份，请他退出。我们不得不同时秘而不宣地实施另一条新路线图，各种与这件事相关的财务会议和讨论随之而来，商量一旦这位合伙人离开，谁该负责什么。在做好了相应的安排，股权转让也完成后，高管团队重新开始设计公司发展路线图，以顺应业务重塑的需要。

这提醒我们，最高层的团队并不一定最有凝聚力，高层的斗争比其他层级的斗争更具破坏性，后者可以通过简单的人员调动甚至撤换得以解决，对公司的整体运营影响甚小。高层的权力或派系之争根深蒂固，必须动"大手术"整治才行。而且高管间的钩心斗角向来不求公平，也较少考虑企业自身的利益。

第二次经历与一位部门负责人有关。当时他的部门正在亏损，团队也丧失了信心，这种状况已持续一年，而这位部门负责人是被越级提拔到那个岗位上的。因为是部门负责人，他也是高管团队的一员，其所在的高管团队又是我们设计、执行路线图的团队。我从一开始就很清楚，这位部门负责人能力不够，甚至不可能合格。其他高管团队成员也很快认清了这个事实。我们陷入一种极为尴尬的局面，避而不谈那个部门面临的困局。很显然，当时我们只能这样做。

结论也是显而易见的。我们需要有全新的视角，不能为了所谓的"一团和气"做出先入为主的决定。团队应该由优秀的人才，即能力最强而不是薪水最高的人组成。他们最好是未来之星，能代表企业未来发展的方向，而不是墨守成规，满足于既有成就。

因此，执行路线图的理想团队应当兼有高管和基层员工，大家拥有不同技能但都坚决拥护共同的承诺。

出于这个原因，在我们合作的公司中，新组建的团队被称为"增长实验室团队"，而不是高管团队。高管团队可以另外存在。若简单地由现有高管团队成员组成增长实验室团队，我们将面临包括但不限于以下的巨大的风险和发展阻碍：

- 默认提拔一定级别的员工时采取包容态度。
- 在新团队中容忍那些日常工作出色，但在需要做出战略蓝图所要求的根本性变化，比如裁撤自己负责的部门时推三阻四的高管。
- 排斥拔尖的优秀员工，对那些潜在的下一代或是下下一代管理层或领导层的建议置若罔闻。

团队成员的数量可多可少，但最理想的是 5 名成员加 1 名主席。战略蓝图会落实一些行动方案，通常第一年要完成大概 20 个任务或项目，这 20 个任务或项目分 4 季度完成，如果增长实验室团队有 5 名成员，那么每人每季度就刚好负责一项任务。

所有成员都明白，每个月的任务一旦确定就一定得完成。与此同时，大家配合上很灵活，除了完成各自的日常工作或专业领域的事务外，还会额外帮助别人完成其他项目，最终形成大家相互信任、对彼此负责的工作氛围。

增长实验室团队不会将责任强加给团队成员，而是会共同制定 2 年 3 倍增长法的路线图，所有人一起按月定期认真检查各项任务的具体进展。如此，团队中的每一个人都拥有了主人翁意识，凝聚成一支行动高效的团队，这样的团队有能力实现并一定能实现既定的、远大的增长目标。

按照 2 年 3 倍增长法做关键任务的拆解

具体来说，2 年 3 倍增长法是一种用于存储战略蓝图设计与实施过程中产生的信息的工具。我们用这个工具可以确定战略蓝图中第一年需要完成的任务（见图 2-1），再按优先级和相关性进行排序，然后把各项任务分配在第一年的 4 个季度中。

图 2-2 是根据 2 年 3 倍增长法列出的战略蓝图中第一年的任务，并且按优先级和相关性进行了排序，再分配给团队各成员完成。

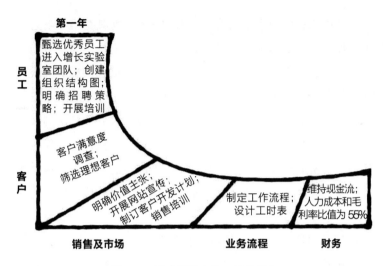

图 2-1 战略蓝图中第一年的任务

Q1		Q2
明确招聘策略	彼得	制作岗位计分卡
明确价值主张	凯利	制作网站、宣传材料
制作工时表	萨米拉	甄别低利润客户和理想客户
客户满意度调查	乔	开展客户经理培训
低利润客户不增加就放弃		等等
……		……
……		……
……		……
Q3		Q4

图 2-2 战略蓝图中第一年的任务分配

　　2 年 3 倍增长法的路线图其实就是个表格而已，包含 4 个部分，代表一年中的 4 个季度，标为 Q1、Q2、Q3、Q4。每季度下有四五个空格，代表该季度有四五项任务要完成。

你可能很想在一个季度内安排七八项任务，尤其是当手下有好多出色员工，你希望他们都加入增长实验室团队时。但请记住，一项任务的结果通常是某种巨大的改变，将对整个公司产生彻底的影响。人们一般对变化都极其抵触，所以最好"润物细无声"，让员工逐渐习惯，持续不断地改进，不要一下子地动山摇。一处不稳，处处不稳，到那时员工大概率就要去寻找更安稳的地方了。同一时间段只执行五项任务，并且多数任务只在幕后做些改进或仅限于单一部门，这样增长实验室团队就能在不损害公司文化、不影响大局稳定的前提下进行战略性变革。

一项任务只交由一个人负责。有时会自然而然地分配给较为擅长某项任务的增长实验室团队成员，经常也会有一项任务超出常规的个人职责范围，即便如此，也只安排一名负责人。"负责"并不意味着非得亲自去做。你可能很熟悉 RACI 矩阵：执行者（Responsible，负责执行任务的人）、责任人（Accountable，确保任务完成的人）、咨询者（Consulted，提供意见或建议的专家或顾问）、知情者（Informed，接收进展通报的人）。RACI 矩阵意味着，一项任务只由一个人对增长实验室团队汇报，负责路线图的进展，但可以由多人来完成此项任务中的多个具体工作。

另外，增长实验室团队的每位成员除了要完成各项任务，还要正常完成日常工作。在增长实验室所做的一切，都不能成为你或其他团队成员没有完成本职工作、未能向客户提供服务或交付产品、没有管理好下属的理由。在私人生活绝对不受侵扰的前提下，要让员工不加班还可以兼顾日常工作和增长实验室的工作，那么，每项任务就必须足够小，小到只要利用过去磨洋工的时间就能完成！设计任务时，你必须考虑到这一点，否则这些出类拔萃的增长实验室团队成员会觉得工作量太大、压力太大。结合实践经验来看，如果把每项任务设计得足够小，那么，团队成员就会在更长时间内保持轻松完成任务的状态，这样做的结果要比任务过于繁重，导致团队成员无法完成或完成质量太差，而导致最终任务失败好太多。

最后，将每季度的工作进一步细分到每个月。在数年的试验中，我们发现，单纯用颜色标记任务进度，比如"红色""黄色"或"绿色"，或用百分比记录每项任务的完成度并不奏效，还会导致最终结果不连贯。为解决这个问题，一个好办法是采用简单的分段法，每个季度的工作按月分为 3 个阶段：第一个月，调查研究；第二个月，设计方案并测试；第三个月，实施方案。每个阶段的任务都必须按时完成。

第一个月：调查研究。这意味着到月底必须完成所有必要信息的查询、调研，讨论解决方案，形成了初步意见，同时该方案已获得增长实验室团队所有成员的一致认可，是可以在每周例会或特别会议上通过的。如果每个月的进度汇报会由董事会的外部顾问、董事会主席或其他来自公司外部的顾问来主持，那么他们期待看到的，必定是增长实验室团队已经完成了调查研究工作，并且带着得出的某种结论来出席会议。

第二个月：设计方案并测试。这个阶段结束时，调查研究得出的初步意见已经整理成文，形成步骤或产品，并且经过员工、客户、公司新员工等群体的测试或已安装并试运行，对其使用效果进行了评估，最终大家一致同意推广实施。有可能经过这一段时间的测试，发现该项目必须延长，那么任务必须重新进行调整，甚至有可能被再度拆分，这样下一季度任务清单上某个优先级较低的项目就会被取代。本月例会的议题就应当是总结经验与教训、修改方案，明确下一季度该如何调整并重新分配工作。

第三个月：实施方案。进行到这一步，说明你们此时已在设计方案并测试阶段的基础上完善了新的流程，建立了完整的体系，书面告知公司上下，招聘员工，结束安装调试，准备投入使用或已经投入使用。通常情况下，一个已交付的项目后期还需要进行员工培训、团队磨合、持续监测或维护。因此，虽然在2年3倍增长法路线图上这项任务已完成，但为了确保它不只是任务清单上被勾掉的一项，也为了不把这项任务抛诸脑后，还必须有一套辅助流程来监控其持续输出。于是，你要在公司的管理会议上增添这项任务，并且仍由完成这项任务的人继续负责。当然，如果有更加合适的人选，也可以交给与任务相关的部门负责人来负责。

举个例子：我合作的大多数公司在制定路线图时，都有一项设计面试流程的任务，以确保招聘的员工都是 A 类人才。关于这个话题，本书在第 3 章还会详细介绍。路线图中的任务是，第一个月读一本与招聘流程有关的书，第二个月完成面试流程初稿、测试，第三个月让所有负责招聘的人员接受新流程培训。其中，在第三个月，人力资源部门主管听取了这项任务的负责人的说明，并在他的帮助下编制了一本招聘工作手册，以备将来使用。如今，推行新的招聘流程已成为部门主管日常工作的一部分，随后这个责任向下传递，新流程变成了常规，由人力资源经理负责执行新招聘流程，招聘的结果也成为其绩效评估的一部分。

回到如何布置任务，每个阶段要达成的结果必须描述清楚，让团队成员明白月底之前应当完成什么工作。在实际布置任务时，刚开始因为不熟练可能会进行调整，但久而久之，任务的描述会越来越容易，也越来越准确。

实际上，我们还可以用一个季度来做一次 2 年 3 倍增长法流程的试验。把这个季度标为 Q0，然后才是 Q1 至 Q4。这样做的好处是，可以给增长实验室团队足够的时间学会如何设置任务，确保这些任务能在限定的时间内轻松完成；还有利于增长实验室团队养成习惯，认真对待必要的流程。如果有必要对团队的构成进行调整，也应该在这个阶段趁早进行。第一次实施这个流程，不可避免会有点不严谨，任务设置也不够清晰，但这是必不可少的学习过程。这一步的学习可以清晰地提示团队，未来的任务设置必须更加具体，不仅要明确描述每项任务的产出内容，还要提前确定各阶段的时间节点，根据季度之初的预期对工作进度进行估算。

用 Q0 进行一次试验，就能在 Q1 正式启动这个路线图流程时减少任务失败的风险。有一点很重要，那就是你必须建立起信心，坚信只要时间允许，这个流程一定能取得成功。这种信心来自团队本身，团队尽早找出哪些方面必须严格要求，从而确定应该如何设计任务才能取得成功。

捋清任务间的相关性及优先级

同时开展一系列重要任务存在一定困难。这些任务在执行时暗含了先后顺序，比如，要先制作时间表，再找出无利可图的客户，再甄别客户。除此以外，这些任务在不同部门之间往往相互依存、相互影响。有些任务只有按照逻辑顺序执行，才能奠定系统性变革的基础。

另外，这些任务还需要根据紧迫性进行优先级排序，或许在做 SWOT 分析时就已突出了某些任务的重要性，比如，理顺客户的信用管理、加大短期现金流，就是很好的例子。

如果没有其他优先级更高的任务，你可以从裁撤 C 类员工开始，根据我的经验，这通常是实施 2 年 3 倍增长法流程时能最快出成绩的地方。关于这方面的更多介绍，请参阅第 3 章有关员工管理的内容。假如你愿意让更多员工了解 2 年 3 倍增长法，可以把这项任务命名为吉姆·柯林斯所说的"只留适合公司发展的人"，那些不适合的人就应该裁掉，这样可以确保所有留下来的员工都是意志坚定、能与你并肩前行的人。

某些板块的任务需要分先后次序，比如在"员工"领域有 3 项互不关联的任务：建立招聘渠道、设计岗位计分卡及制定 A 类员工的招聘策略。这 3 项任务必须按以下顺序分为 3 项季度任务，因为每一项都取决于上一项的任务完成情况。3 项季度任务分别是：

1.　制定 A 类员工的招聘策略。
2.　设计岗位计分卡。
3.　建立招聘渠道。

然而，这里还存在一些跨板块的依存关系，比如员工管理还涉及"业务流程"板块，因为这里需要一个新的人力资源工作流程，可以分成两三项季度任务，如搜寻招聘渠道、安装人力资源管理软件，以及制订以岗位计分卡为基础的个人发展计划（personal development plans，PDP）。

偶尔也会出现某项任务突然跳出逻辑队列的情况。这可能是因为突然出现了某个威胁或者机会，比如由于客户不满意或者为了鼓励士气需要采取某种行动，当出现这类情况时，立刻辞退 C 类员工也只能解决部分问题。

事情应该按什么顺序推进通常是显而易见的。重大的任务一目了然，必须按季度进行分解，这样做不仅有利于增长实验室团队轻松地完成任务，还不会影响其日常工作。也就是说，一个任务可以分解到两三个季度里，即在 6 个月或 9 个月内交付。

由于任务是相互依存的，你最先确定的那些最为紧迫的任务，实际上可能需要一整年时间才能全部准确地完成。不要觉得这个过程过于缓慢，到了年底，你这一年的努力将为招聘和管理优秀员工奠定坚实的基础。

激发主人翁精神和责任意识

创建 2 年 3 倍增长法路线图的初衷，是为了激发创建它的整个团队的主人翁精神和责任意识。那么，它如何做到这一点？在创建 2 年 3 倍增长法路线图的过程中，只有整个战略团队全部参与决策，才能形成最终的路线图。在那之前，公司所有者的工作只是把握公司的方向，比如考虑考虑公司宗旨（即向客户提供什么样的产品和服务）、制定财务目标（如 3 年内毛利润达 3 倍，获得 20% 的净利润）。而增长实验室团队则负责提出一个统一的"软"目标，然后按 3 年的期限向前逆向推导，部署达成所有目标的关键步骤。

团队要讨论出所有必要的行动，并将其按优先级排序，同时还要考虑行动计划中各种任务的依存关系。由团队主导行动的产出，并负责完成每一项行动。

如此就避免了战略团队中任何成员对任务产生"不是我定的、与我无关"的抵触情绪。要让全体成员都参与整个的任务开发过程，每个人都有机会参加长期目标和不同方案的讨论，一旦选定路线，大家不说二话，分头执行各自的任务和行动方案。

先就大致的目标需求达成一致意见、决定好各年度如何分阶段达成目标，再讨论实现第一年的里程碑目标需要包含哪些具体的工作模块。此时，你要把整块的工作分解成季度性任务，每人认领一项。然后，每项任务再进一步按月划分为 3 个阶段：调查研究、设计方案并测试、实施方案。当然，这 3 个阶段需要根据任务的性质适当进行调整，下文会举例说明。

接下来，团队每月召开一次例会，汇报每个阶段的进展，必要时还要进行讨论。如此一来，团队成员必定会认真负责。如果某个成员连续多次未在约定时间内完成任务，要么是因为人不合适，要么是任务描述不清或设计不当。解决办法有两种：更换表现不佳的团队成员，或者重新调整任务的内容或尺度。某种程度上，这种任务责任制有助于保持团队成员的行动力，如果任务失败是因为任务设计有缺陷，那么接下来的任务便是尽快优化，确保在 3 个月一回合的路线图周期内完成任务。在这两种情况下，你将迅速提高团队的工作效率，并尽快推进 2 年 3 倍增长法路线图的实施。

运用这种方法时，要掌握几个要义：团队成员必须学会有效地授权给下属；每个季度任务数量不宜过多，要保证不影响成员的日常工作；加入增长实验室团队并没有多么荣耀，未加入的人也不必认为自己不够优秀进而感到羞愧；必须有个业务流程来确保任务一旦完成，这套方法就会成为你的行事方法。

开发团队凝聚力

有时候，公司的领导者并不是最优秀的管理者，所以，2 年 3 倍增长法路线图的流程会涉及许多自我管理的问题，并且在实施过程中会出现一些意料之外却非常有用的效果。

第一，所有成员一起定义每个项目和目标的内容。在实施过程中，团队能一起学习怎样有效描述一项任务。一项好任务，能让项目负责人在不影响日常职责的情况下完成，并且可以很好地融入各季度按月推行的"调查研究—设计方案并测试—实施方案"这个三步走结构中。任务若想设计得好，还需要融入一些外部因素，比如可利用的资源、反馈机制，以及恰当的执行时机。

无论是在调查研究阶段，还是在项目即将完成时，都需要考虑该如何应用新形成的业务流程，以及该项目会对员工行为和公司文化产生什么影响。

这一点是为了保证项目在完成后还有生命力。例如，一份出色的员工激励计划如果只存在于员工手册中就不会产生任何实质性影响。你需要进行管理培训、生成一对一的个人计划，还需要对员工的工作表现进行评估并形成其个人发展计划；同时也需要考虑现金流在内的财务规划，评估这份员工激励计划对公司文化带来的意外影响等。这样的思考适用于所有任务。每项任务在实施阶段都需要寻找合适的人员，让他们负责今后在公司应用新的业务流程。

第二，增长实验室团队的成员协同合作，没有上下级关系。 这意味着公司领导者与其他所有人并肩工作，一起完成具有战略意义的重要项目。与分级管理制度不同，增长实验室团队的特点是充分发挥成员的才能，并在全公司范围内推行变革。

第三，团队成员对彼此负责。 团队成员的压力应来自伙伴，而不是自上而下的权威，这种同伴压力反而令任务的完成度更高。虽然团队经常要对任务及路线的执行策略进行调整，但这种调整其实是良性决策的正常反映。在这个团队中，完不成任务是永远不可接受的。要逐渐习惯不带情绪且没有疑虑地换掉无法完成任务的人。只有这样，团队才能保持健康，持续地完成任务，年复一年稳定地促进变革。

这样一来也可以在公司高层中培育一种协同合作的文化。通常来说，一种文化总是始于高层，然后从上向下渗透，而公司未来的领导者很可能就在增长实验室团队中，这种文化很快就会渗透至整个公司。

第四，例会制度孕育了倾听的文化。 通过定期召开例会，团队成员可以积极地相互聆听。遇到瓶颈时，还能互相及时获知并给予理解；在特定阶段，也可以及时了解情况，并对任务进行优化。通过定期召开例会，可以重新排定任务的优先级，发现哪些重大改变可能需要团队其他成员的额外协助，推动任务向前推进，还可以促使大家了解，随着任务的推进，有关任务的考量因素会发生怎样的变化。

通过例会制度，增长实验室团队的各个成员也开始理解同伴的职责要求，以及其所面临的压力。在任何一家员工人数超过 20 人的公司，这份理解常常是缺失的，因为员工往往只关心自己部门的情况。

增长实验室团队因此成为一个由高效领导者带领的紧密团队，团队成员间更有着真正的友谊。一年后，团队成员会发现，大家几乎已完成公司所有的具有重要战略意义的项目，大大减轻了公司所有者的负担。

第五，对工作职责进行分配，树立主人翁精神。虽然公司所有者也有自己的路线图任务需要完成，但是将多项重要项目分配给其他成员，有助于他们把精力放在整体业务上，避免身陷某项具体业务中。

换言之，他们从繁杂琐事中解放出来后，就可以专心思考那些本该由领导者处理的真正的战略性工作，比如市场战略、传达愿景、企业融资及并购事宜。"这太神奇了，"与我合作过的一家非常成功的英国营销公司的领导者对我说，"大概一年后，我突然发现公司已经不用我管了，而是由我们组建的这个团队在管。"

这一切归功于领导者把工作分配了出去。尽管 2 年 3 倍增长法作为一种工作方法，可以减轻你作为领导者的负担，鼓励最优秀的员工主动承担一些责任，但也可能让你遇到麻烦。因此，你必须教会增长实验室的团队成员一件事，那就是如何授权，否则他们自己会深陷泥沼、寸步难行。

做好流程中的决策与授权

必须有人做出决策，积极的变革才会发生。人们往往认为老板或领导者比自己更善于决策，总会把这个责任推给上级领导。

事实上，出色的决策能力要求你自信、果敢。这种能力需要通过实践，建立起自由决策和允许犯错的空间来培养。伟大的决策者都知道，决策只是做出选择而已，有时，他们也会选错。一旦选错，决策者必须承担责任，重新选择、纠正错误。因此，决策做出后，对其结果进行监控就显得至关重要，这样才能方便决策者迅速纠偏或重新决策。出色的决策者应当做到：随时获取充分的信息，以便做出自信的选择；积极沟通决策内容并采取行动；及时评估结果。

决策是否正确，取决于你有多少经验，即你反复做过多少个类似的决策，或者当决策错误时你曾做出过哪些改变。每个人的决策过程不尽相同。有的人可能需要 70% 的信息，才能保证 10 次决策中有 9 次是有效的，有的人可能只需要 40% 的信息就够了。还有一些人信心不足，得要 90% 的信息才能做决策，但最终信息超载导致决策瘫痪；相反地，若掌握的信息过少就做决策，则过于草率。决策能力是一种从职业生涯之初就应当开始训练的能力，然而，当时没人明白这一点。

"谁决策，谁担责"的培训并不难，可以通过有控制的授权轻松完成。

首先，请记住授权时的一个现象：如果在一个层级关系中，拥有权力的那个人做出的决定只会影响其周边的环境及其下属，那么其决策失误造成的损失给整个业务带来的影响是有限的（见图 2-3）。

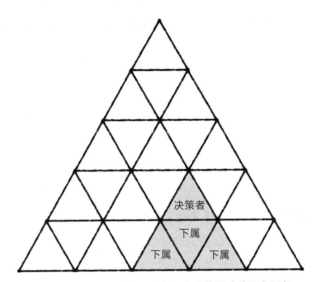

图 2-3　学习如何授权，让失误造成的影响停留在局部

　　如果某个决定可能影响到自己职责范围之外的人及其下属，那么应当谨慎而行，将决定权提高到必要的级别，覆盖所有可能受到影响的范围。

　　相反，如果你要做的决定只会影响一个下属以及他的下属，那么你应该让他去做这个决定。同时，你要在背后为下属提供支持，让他知道，尽管决定不是你做的，但是一旦出现问题，你还是会随时出手相助。这就像一个年幼的孩子在蹒跚学步或学跑步时，家长会一直护在身后一样。学会放手，对你、对他都有好处。哪怕摔了跟头也没关系，你会从身后扶起他。你要让他安心，并且帮助他不断尝试，直到他获得信心，即使你不在场也能独立完成任务。

为了鼓励胆小的新人，最简单的做法是放手让他去做决定，同时规定好责任范围，这样万一犯了错，造成的损失也不至于过大。然后，确定这个决策的影响范围，说好什么时候检查结果。双方的对话可能是这样的：

> **经理**："桑迪，我能为你做些什么？"
> **桑迪**："我们现在有个情况是这样……您想让我怎么做？"

桑迪想把责任推给你，你要把它推回去。

> **经理**："现在有哪些选项？"

双方对话进入中间地带。这是个很典型的场景，一个小经理会听一听所有的选项，为了加快速度、推动进展，他会依据自己的经验做出决定。但是如果这样做，桑迪除了推卸责任，什么也没学到。

桑迪也可能并不知道有哪些选项，那就让她去找出来。

> **经理**："桑迪，你能在一小时内给我 3 个选项吗？"
> **桑迪**："A、B 和 C……"

这时候会出现两种可能：桑迪提供的选项中有一个或多个可行的方案，又或者她遗漏了唯一一个可行的方案。于是，你又要做出一个选择：是挑一个方案让桑迪去做，让她去碰壁；还是让她再想出更多的方案。如果你希望她继续思考，你可以这样表达："好的，我想你可能也想看看有没有其他方案。如果是老板，他会怎么做决定呢？你会不会遗漏了什么因素没有考虑？再想想看，一小时后来找我。"

如此一来，无论你是决定让桑迪去尝试，失败后再试，直到成功，还是鼓励她更深入地思考，通过这两种做法，你都能再次把球踢回给她。

> **桑迪**："现在的方案有 A、B 和 C……"
>
> **经理**："你认为我们应该怎么办？"
>
> **桑迪**："我真的不知道，所以我才来找您！"
>
> **经理**："如果你必须推荐一个，你会推荐哪一个？"
>
> **桑迪**："我想 B 能行。"
>
> **经理**："如果 B 真的行得通，你是怎么看出的呢？"
>
> **桑迪**："1，2，3……"
>
> **经理**："万一行不通，会怎样？"
>
> **桑迪**："4，5，6……"
>
> **经理**："太好了。你试试这个方案。要不你明天早上 10 点来找我，跟我说说进展如何？"

成功！这就是授权的过程。授权是训练卓越决策能力的唯一方法。你的角色是为下属提供帮助，让他们自己完成信息收集，开发他们的批判性评估能力，树立他们的自信心。是的，我们都知道你自己可以做决定，又快又好还省钱，但如果你一直为他人做决定，你将永远无法有时间和精力去做只有你才能做的重大决定，而这些重大决定将影响整个公司，并塑造你未来的成功。

以上所有内容可以归纳为对领导者来说最重要的一句话：

"我不知道，你觉得呢？"

增长实验室为公司所有者提供了一个培养卓越未来领导者的理想模式。在 2 年 3 倍增长法的任务中使用授权技能，是练习授权技巧的最佳机会，出错的风险会通过以下情况而大大减小。

- 所有任务已被设计得足够小，可以在一个季度内完成，受其规模限制，即使错误再严重，带来的影响也非常有限。
- 一项既定任务的具体内容，经由增长实验室团队全体发起并一致同意，因此大家很可能对相关任务需求有更清晰的认知。
- 任务被分解成 3 个阶段：调查研究、设计方案并测试、实施方案。
- 一项授权他人开展的任务，若要影响整个公司业务，必先经过测试和增长实验室团队批准两个阶段，才能在整个公司范围内实施。

除了风险小之外，在增长实验室团队中练习授权的另一个好处是成功率更高，这样增长实验室团队成员才会更有信心完成任务，进一步提高自主性。此外，通过学习如何在团队内部进行授权，增长实验室团队成员也会开始跟同部门的其他同事和自己的团队一起练习，将员工如何提高自主性以及决策技能推广到整个公司。

巧用数学领域的知识

在一些存在风险的地方，做出的决策不成则败，因此你必须竭尽所能寻求帮助。我们通常会向其他能力强的人求助，但有时掌握一点点数学知识就能让你信心大增。

贝叶斯定理是统计学中的一种建模工具，很复杂，每次运用它我都很头疼。但是，它衍生出一个推理方法——贝叶斯推理，即利用一个假设加上已有证据，就可以推算出大致结果。我们可把它作为决策依据。这个推断的公式如下：

$$P(H|E) = (P(H) \times P(E|H)) / ((P(H) \times P(E|H)) + ((P(\sim H) \times P(E|\sim H))$$

除非你是一位数学"大咖"，否则看到这个公式肯定会被吓倒。其实这是一种颇为简单的理论，它告诉我们：事件发生的概率，以其发生的可能性（即最佳猜测）及出现一些额外证据时事件发生的概率为基础，且受制于产生特定影响的新证据发生的可能性。

举个例子，一位经验丰富的企业家创办了一家初创公司，如果它赢得了客户，是否有可能获得成功？请你判断一下。乍一看，你可能认为：

1. 有经验的创业者创业 = 积极的成功机会。
2. 赢得客户 = 成功的信号。
3. 大概率是这家公司可能会成功。

我职业生涯中的很长一段时间都是这样依靠直觉做判断的，还自以为是逻辑分析，但贝叶斯推理则为我们提供了更精准的判断工具：

- P(H) = 鉴于之前成功的创业经历，创业成功的可能性 =70%。

- P(~H) = 创业不成功的可能性 =30%。

出现了一个新证据，即赢得了一些客户，可以推断出：

- P(E|H) = 如果创业成功，赢得客户的可能性 = 90%。
- P(E|~H) = 如果创业不成功，赢得客户的可能性 = 40%。

所以，最后得出以下结论：

P(H|E) = (70% × 90%) / [(70% × 90%) + (30% × 40%)] = 63% / 75% = 84%

新公司看起来相当不错！

当然，这个推断的结果取决于对相关概率的估计精准与否。用这个工具来对关键决策进行快速推算，其作用是无与伦比的，而且你输入的证据越多，结果就越准确。我之所以喜欢这个工具，是因为它带给我的信心比我与生俱来的自信更多。同时，它还可以在一定程度上纠正困扰领导者的风险误判，毕竟与级别较低的其他同事相比，领导者的决策过程往往自主性太强，缺乏多方制衡。

赋予奖赏特定的意义

一天晚上，我在伦敦沿着查令十字街散步，向特拉法加广场走去。夜已深，天气有点阴郁。伦敦西区的大部分地区灯火通明，就连高高的屋顶也被灯光照亮。我不经意往上瞥了一眼。

只见一股浓烟正从顶楼的一扇窗户涌出，可能是大楼的四层。我一边从兜里掏出手机，一边跑进大楼一楼的酒吧。"着火啦！"我大声喊道，"大家快出去！大楼着火了！"只有少数几个顾客转头看我，其他人则面无表情、毫无反应。我冲向吧台，又喊了一声，工作人员瞪了我一眼，依旧漠然地照常工作。他们一定认为我是个疯子。我很着急，四处搜寻，发现了一个红色火警报警器，于是用胳膊肘砸碎它。我想让人们离开现场，但直等到警报响了之后才有一个人反应过来，甚至这个时候还有人以为这是场恶作剧。同时，我还给消防队打了电话。

两分钟后警笛响起，又过了几秒钟，一辆巨大的红色消防车斜停在人行道对面，身穿制服的消防员全员出动。正当消防队有条不紊地展开救援时，一个身材魁梧的男人朝我走来，他身着黄色裤子、背着背带。虽然我身高 1.8 米，但这个家伙的体型更庞大。"是你打电话给消防队的吗？"他问我。我点头。此时消防栓的软管已经展开，他大声对我喊着指令："这儿——听我指令，用力按这个按钮。"他指着消防车上一个红色大按钮。我依照指令做了，消防车的固定支架伸出，立在车轮旁。紧接着，消防梯快速升起，水泵启动。楼里的火很快被扑灭，警报解除。

之后，没人对我再说一句话。当然，酒吧里也已经没有人工作或喝酒了。没有人来问我发生了什么事，也没有人感谢我。

只有那个消防员认可了我。他给了我一个小小的任务：按下红色大按钮。这个按钮可能完全是对我的安慰。我 40 多岁了，早已看透世间百态，一切都无所谓了。但是，这名消防员之所以给我安排任务，显然是因为我给消防队打电话而给我的一份奖赏，它微不足道，但很多男孩都曾有成为消防员的梦想，这让我终生难忘。这个小小的动作，比我从其他人那里得到的所有感谢、赞扬或奖赏都更有价值。我将永远铭记那一刻。

这件事让我收获了一大心得。或许称得上是两个心得。

第一个心得很糟糕，那就是人们大多持有漠然的态度。大多数人什么都不在乎，只希望喝酒时不被打扰。所以，如果你看到人们有如此表现，不要感到意外。

第二个心得是，奖赏无关大小，得当就好。如果你赋予奖赏一定的意义，那么它们的价值将远超金钱补偿，这是一种认可。在正确的时候由正确的人说出正确的话，往往比金子更有价值。

合理激励，扣动员工心灵的"扳机"

某种意义上讲，加入增长实验室团队本身就是一种奖赏。任何一家公司的杰出员工都会很高兴能参与制订关系公司战略方向和未来发展的计划。这是一项充满活力的、激动人心的重要工作，意义重大。有的团队成员在职业生涯的早期就被赋予了层级以外的责任。这也是个人履历中的一大亮点。

我也非常热衷于分享公司增长的胜利果实。你的公司发展到今天，如果没有一流团队的帮助，你就无法实现愿望，抵达战略蓝图指引你要到达的高度。

我必须明确指出，管理人员的激励计划与增长实验室成员的激励计划必须分开。公司的领导者和所有者经常犯一个错误，那就是将管理层的激励方法与公司的绩效挂钩。其实这种方法作用有限：在推动利润增长的财务总监、维持客户营收的客户服务总监与提高客户购买高质量产品意愿的产品总监之间，你会如何决定谁该拿更多奖金，谁的贡献大一些，谁的贡献小一些？依我看来，对管理人员的激励，应该以他们团队的绩效（以岗位计分卡为基础，这个内容将在第 3 章中介绍）以及各自的岗位计分卡为基准。而公司取得的财务业绩，则是战略团队、增长实验室团队努力的结果，他们的激励措施应该明确地与是否完成路线图和战略蓝图上的目标挂钩。

增长实验室团队的激励措施应该设在中期。无论你是转去新公司、出售公司、到你感兴趣的部门担任荣誉董事，还是在海外成立分部，在你退出公司管理后，都需要尽早为增长实验室团队成员继续长期掌管公司做好铺垫工作。

股票期权是一种很好的激励方式。设立股票期权，只要团队成员满足某些标准就可以累积股权。这些标准可以是：完成路线图的里程碑事项、任期到了一定年数、工作表现远高于个人岗位计分卡上的要求、为公司带来巨大收益等。已经建立的激励措施千万不要放弃，但可以考虑从他们创造的附加价值中拿出一部分来分配。假设你公司目前的市值是 300 万英镑，而战略目标是再增加 400 万英镑。你决定在实现战略目标后，将增量价值的一半分给团队。那么，增长实验室团队可以拿到 200 万英镑，每人可分得 40 万英镑，而你得到的是原来的300 万英镑，再加上增长的 200 万英镑。这样，成功的果实就按份额进行了合理分配。这种激励是充分的，大家不仅收获了情感上的满足，也获得了经济上的回报。

这种奖励增长实验室团队的办法，更多是对团队成员在公司整体发展中的作用的积极认可，而不是对他们管理下属或部门业务的认可。股票期权不是钱，只有当公司能以比当前市值更高的价格出售时，它才具有实际意义。但是，股票期权是你向他们表达的谢意，就像那个"红色大按钮"一样。

还有一些别的激励措施。比如，当增长实验室团队中有人离职时，可根据他们加入增长实验室团队的时间长短给予奖励。持续完成目标的优秀成员离职时可获得适当的奖励，可以是现金奖励，但不能是股份。要尽可能让持股人结构简单些，将来公司出售后，收购方也不用太过麻烦。

最终，如果你的想法是出售公司后退出，那么拥有一支经验丰富的以增长实验室形式存在的管理团队，对收购方来说是一个巨大的好处。交易交割时，所有股票期权的配额可能都已确定，收购方很容易在收购过程中以及收购后继续对团队进行激励。盈利期满、原公司所有者退出后，还得继续推行员工激励计划，那就不妨沿用原来的激励方案，实现轻松过渡。

某些国家对股票期权做出了具体的税收减免和股权兑现规定。无论你的公司总部设在哪里，深入研究这个议题，一定会对你有所帮助。

2 年 3 倍增长法的要领

- 增长实验室团队的成员应当是公司的优秀员工，而不仅仅是高管团队的成员，这样在取得非凡成果的同时，你还为公司培养了未来的管理团队。

- 制定战略蓝图时，要从最终目标开始，逆向推导当前这一年的任务，并将这些任务细分到 5 大板块：员工、客户、销售及市场、业务流程以及财务。

- 授权时，把任务失败带来的影响控制在被授权人的下游，这样就可以减小授权风险。

- 练习授权须尽早，逐渐培养一支尽职尽责、决策能力强的团队。

SCALE
AT SPEED

第二部分

2 年 3 倍增长法的执行，
从 5 个维度全面拉动增长

SCALE

AT SPEED

第 **3** 章

维度 1，顶尖人才的招募与培养

成立新团队后你要做的第一件事，就是确定团队的核心价值观。

我花了很多年去思考应该如何正确地管理员工。

我是比较具有前瞻性的人，善于发现有趣的机会，有时还会加以好好利用。这不正是我们这些企业家该做的事情吗？我的沟通能力也不错，总能激励人们跟随我踏入未知的领域。我还有不错的销售能力，能从大客户那里获得价值百万美元的订单。我是个愿景型领导者，但我刚开始做管理者时也是一塌糊涂。

我还记得自己伤害一位很有价值的员工的情景。我抛弃了他，就犹如抛弃了一件物品，而完全不像是对待一个曾经倍受信任却不再被需要的同事。我对自己曾经用恶劣的态度对待别人的那些情景记忆犹新，因为以前的我没有接受过高质量的管理，也没人教我如何管理。更糟糕的是，我意识不到自己缺乏管理能力，更不知道自己应该花心思学习如何恰当地管理员工。

我早期的创业经历里充满各种管理不善的状况，如果那时我能花点时间读上一两本书，应该能更好地处理那些状况。

即使我 20 多年的职业生涯颇为成功，我也从未自诩生来就懂管理。不过，我幸运地发现，利用一些工具既能帮助他人在职业生涯中获得成功，又能让公司受益。其中最为重要且非常简单的工具是一对一谈话：先用 10 分钟时间聊聊对方，然后用 10 分钟说说对方的工作情况，再用 10 分钟谈谈自己的工作重点。这样的交流最好每周一次。

你之所以能获得今天的成绩，愿景期盼、个人魅力及对员工的要求都起到了至关重要的作用。要在接下来的几年内实现预期目标，需要做的事情就更多了，其中就包括必须让员工和同事与你的想法保持一致。与其强迫别人改变方向、采用你的方式行事，不如吸引和聘用那些愿意与你共赴未来的人，这样做更容易实现目标。

首先，你需要找到有才华的人。我遇到过一些才华横溢却与我的方向不同的人；或者他们不认同我的价值观，结果导致我们个性不合；还有些人强烈否定我的愿景、不服从我的领导，后来甚至带领整个部门与公司对抗。为了解决最后一种顽疾，我只能裁撤整个部门，这是唯一的办法。一旦这些人的恶劣影响释放出来，局面将不可收拾，最终只剩一片残局。有时候，"才华横溢"一词跟人们的所思所想并不完全一样。

我说的有才华的人，应该是有才华且合适的人。招聘新员工时，我会向应聘者展示公司的战略蓝图，有些人对我说他不敢想象公司未来的规模会比现在大 3 倍。我也发现了一些非常出色的人才，他们想加入这段发展旅程，愿意参与公司的建设，想在你实现目标时与你并肩而立。这些愿意与你并肩作战的人才是你需要招纳的。

设计战略蓝图的员工板块

在制定战略蓝图时，绝大多数与我共事过的人提出过员工素质的问题。图 3-1 展示了如何在战略蓝图的"员工"板块设计相关内容以达成公司目标，其中，第一年黑色粗方框里的各个项目，就是路线图各季度的行动内容。

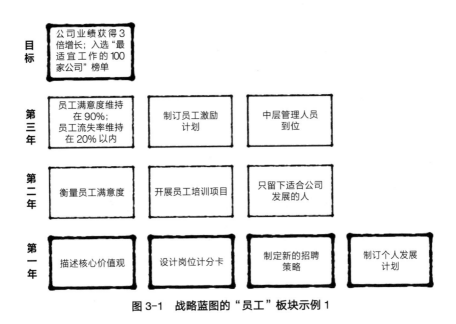

图 3-1　战略蓝图的"员工"板块示例 1

员工素质与公司发展之间关系密切。简单来说，员工工作积极性越高，犯的错误就越少，造成的损失也就越小。假设你在充分发挥员工积极性的同时，还解决了销售问题、拓展了新的业务渠道，最终的结果必定是营收增加。有一条真理可能听起来不科学，但很有影响力，那就是"优秀的人正是那些更快乐的人"，而客户喜欢与快乐的人一起做事。因此，员工板块又与销售与市场板块存在着一定的联系。

前文中还提到过以入选《星期日泰晤士报》"最适宜工作的 100 家公司"为目标的例子，你可以为此设计一系列相互嵌套的活动，关注一些重点领域，进一步提高员工的敬业度、提升员工工作的积极性，具体如图 3-2 所示。

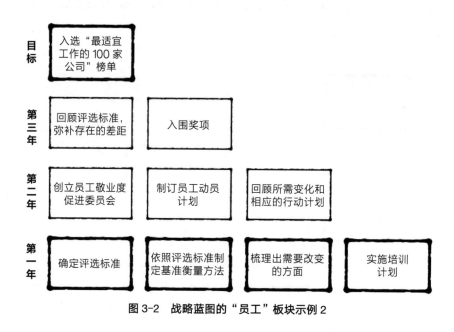

图 3-2　战略蓝图的"员工"板块示例 2

接下来，第一年需要采取的每一项行动都可以转化为一项成果可衡量的任务。完成这些任务便可推动你的公司向最适宜工作的 100 家公司这一目标迈进。当然，你必须对这些任务进行优先排序，要注意各项任务之间的依存关系，还得留意工作量。因为你会发现，原本打算在第一年完成的事情，放到第二年去做可能更现实。

图 3-3 则展示了一个更常用的例子。

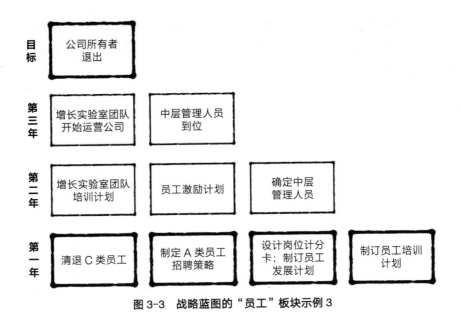

图 3-3　战略蓝图的"员工"板块示例 3

用核心价值观和文化提升团队效能

开始与新成立的增长实验室团队一起制定战略蓝图时，最好重新审视事关公司发展的基础性工作。这并不意味着要放弃以前的工作，相反，如果你原来的品牌定位很出色，就应该保留并强化。不过，根据我多年的经验，你至少应该重新审视你的核心价值观。

"核心价值观"不仅仅是放到网站上的一组词，更是为了告诉客户、同行、合作伙伴或潜在员工，我们希望他们如何看待我们。你经常会看到一些公司网站推出立意很高却没什么切实作用的价值观，比如，最常见的是"客户至上""不断改进"，或者"我们尊重员工"。

这些措辞本质上寡淡无味、毫无意义，反映的只是公司管理者认为他们应该说的话，并非他们真正坚信的价值观，也不是真正激励管理者不断前进的东西。

之所以要好好地重新审视核心价值观，最直接的原因是你有了一支新的队伍。就像晶体生长一样，原始晶体的形状和质量很关键，会决定接下来晶体生长的质量。员工声称"我们这里就是这样做事的"，但一问他们到底是如何做事的，却又模糊不清、方法老旧过时，或者不甚准确，这会导致增长实验室团队内部基于价值观的决策过程模棱两可。如果任其发展下去，公司内就会出现一种"顺其自然"的风气：原来无法容忍的东西慢慢也可以接受了；以前勉强接受的东西最终变成了工作方式。如果公司领导者觉得"我们应该一直争取做到更好"，却不能清晰地、经常性地向下属传达具体的目标，或者不能将之体现在公司的文化里，那么管理者的愿望最终只是空谈而已，不会真正成为公司的风格。因此，成立新团队后你要做的第一件事，就是确定团队的核心价值观。

制定增长实验室团队的核心价值观并非难事，组织一次 1～2 小时的研讨会就能完成。理想情况下，这个研讨会应当由一名外部顾问主持：要么是执行董事以外的独立董事，要么是一名外聘的制定公司新价值观的专家，他可以将这次研讨会作为其工作的一部分。之所以引进外部顾问来主持这项活动，原因很简单，他们善于使用技巧指导，能发掘出人们话语背后的真正含义。例如，我听到的最常用作企业价值观的一个词语是"正直"，但这个词可能包含很多含义。我的工作就是对词义进行剖析，弄清楚说话的人真正想表达的意思。"正直"一词的意思可以是：

- 诚实，坚决讲真话。

- 遵守承诺。

- 坚守最高行为准则。

- 行为合乎社会规范。

- 行为合乎道德准则。

- 对自己的行为、面临的状况、采取的行动负责。

很显然，其中一些含义还需要继续剖析。例如，"行为合乎道德准则"是什么意思？什么道德准则？宗教的、社会的，还是个人的？谁来判断是否符合？又如，"坚决讲真话"是真的要一直讲真话吗？讲真话会付出什么代价？等等。

在实际研讨时，请每位参与者都提出自己的个人核心价值观，并写到会议室的白板上。他们每添加一个单词或短语，你都要仔细询问单词或短语的准确含义，并进行进一步剖析、琢磨，直到找出一个精准的词语来描述对方想表达的含义。参会的每个人都要如此。你常会发现，有些词在解释、确定词义时会引发与会者的讨论。这种讨论非常有价值，因为它让参与者真正理解了其他成员想表达的意思。每个单词或短语都非常个人化，可以反映出一个人根深蒂固的个人信仰和原则。

下面两组词语（见图 3-4、图 3-5）是我培训的一个团队在研讨中提出来的。我与他们初次见面只过了半个小时，就开始了研讨。对于 cloud 这个词能产生什么样的联想，图 3-4、图 3-5 分别展示了两个研讨维度下产生的结果：图 3-4 是最初我在房间里走来走去，分别让每个人说出的初始答案；图 3-5 是他们在相互启发后，思维拓展，又扩充了很多词语的答案。

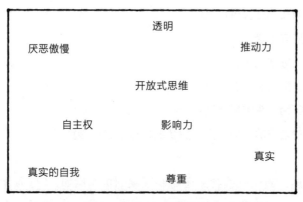

图 3-4　用词语联想法初步确定核心价值观

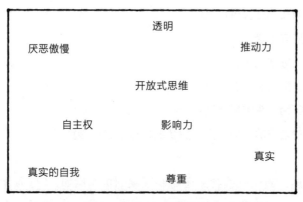

图 3-5　用词语联想法拓宽核心价值观

　　这样的研讨氛围非常开放，必须由经验丰富、心思敏锐的教练进行有技巧的引导，而且必须是个团队活动。

　　制定核心价值观的第二步是寻找共同点。将上面的词和短语进行删减，只留下整个团队共同认可的那些最主要的价值观。最简单的方法是举手表决。每次只挑出白板上的一个词或短语，事先向参与者说明：是否认可某个词或短语，与它在自己价值观中的排序无关，只要认为某个词语与自己的价值观产生共鸣，就举手表示认可，即使它排在自己的价值观列表的末尾。于是，这些词语很快就会减少到 10 个左右，甚至更少。这时，你要找到那些含义与结果相似的词语。然后，大家共同找出对整个团队来说最为重要的词语。不断重复上述过程，直到最终只剩下三四个词语。剩下的这些词语便是增长实验室团队需要共同达成的核心价值观。举例来说，前文确定的核心价值观在这一步将删减为图 3-6 的样子。

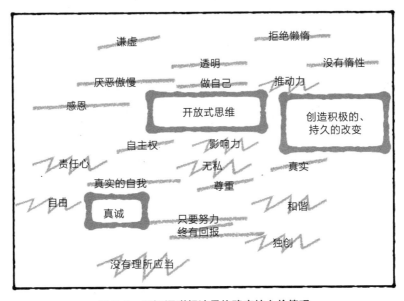

图 3-6　用词语联想法最终确定核心价值观

我主持过很多次这样的研讨会，我一次次看到，团队成员从这个全新的列表中发现的这些词和短语正是他们一直秉持的信念。另外，这些新核心价值观在指导未来的工作时，也呈现出团队成员一些其他的重要想法，常见的有以下这些：

- C 类员工不认同这些价值观，但 A 类员工认同。
- 我们不想与那些不同意我们做法的客户合作。
- 我们不想与不符合这些价值观的伙伴合作。
- 我们不应该聘用不认同这些价值观的员工。

通过这种研讨活动，我们了解了增长实验室团队成员的核心价值观，认清了他们的真实想法。无论是团队合作还是运营企业，了解他们的真实想法，都有助于保持行为上的一致。你当然期望公司里的每个人都能步调一致。但是，实际的管理工作中，你会发现，总有人喜欢标新立异、我行我素，比如那些销售业绩突出但行事张狂的人。这样的人只会滋生矛盾，破坏信任。如果你和我一样，相信一致性和正直能建立起我们对同事的信任，从而帮助同事树立对公司的信心，那么公司必定会兴旺发达，因为对客户、A 类员工、合作伙伴及潜在的收购者来说，员工展现出的信心具有强大的吸引力。一旦有了切实的基础，你就可以在你真正想建立的价值观体系中，思考如何确立公司的价值主张。价值主张是个重要议题，后文会再做详细讨论。

确立核心价值观是一项季度任务

上文介绍的常规季度任务有两种例外情况，应当在 2 年 3 倍增长法的任务启动之前完成，确立核心价值观就是其中之一。这项工作要在制定企业的价值主张之前进行，最好以小型研讨的形式开展，参与人员通常还要包括增长实验室团队以外的人员，比如市场部、销售部的负责人，或者是整个高管团队。让更广泛的人员参与这项工作，是为了让最终形成的价值观及价值主张能"落地"，因为它们是未来开展各项工作的真正基础，比如制定营销策略和招聘政策。

有一点很重要，那就是要确保最终结论不会受到来自高层的反对。另外，在这一过程中可以让关键的利益相关方参与进来，虽然他们不是增长实验室团队的成员，但至少参与了未来要由增长实验室团队执行的那些基础工作，这样，未来开展各项工作会顺利很多。

将确立价值观的工作安排在路线图任务启动之前，有助于推动此后各项季度性任务更迅速地展开，因为之后的许多任务该如何开展都取决于公司的价值观及价值主张。不过，确立价值观的工作也可以是个季度性任务，具体执行如下：

任务清单 SCALE AT SPEED

第一个月　调查研究

- 了解核心价值观在管理员工方面的作用。

- 确定在公司内部沟通新的核心价值观的方式。例如，你是委派他人去调查员工如何理解新的核心价值观，还是组织各团队进行讨论？怎样保证每位员工都能够认真对待此事？

- 核心价值观应该通过什么渠道、用什么样的方式对内部员工发布？

第二个月　设计方案并测试

- 根据调查研究阶段的结果，成立一个工作组，在公司内部传达核心价值观。

- 收集反馈意见，用以验证这种方法是否有效。

- 制订更广泛的推广计划。

第三个月　实施方案

- 开展推广工作。

- 委派负责人，确保核心价值观能持续传达。

- 将核心价值观纳入员工手册和岗位计分卡。

把"找对人"这件事做好

员工是公司发展的基础。优秀的员工助力公司翱翔，平庸的员工阻碍公司前行，而糟糕的员工则会让公司垮掉。

如果你招到了优秀的员工，并把其中几个带进了增长实验室团队，这将是个好的开始。在我看来，如果你已明确了公司接下来要做什么，那么把"找对人"这件事做好，就是最重要的一步。因此，在战略蓝图上，我把它放在第一板块。

"我们好像没有办法进步了。每当我觉得我们让客户感到满意的时候，就会出现问题……要么交货出了问题，要么一名优秀员工跳槽离开，要么就是我要花时间去鼓舞士气。我的员工就是不够优秀，如果我不盯着他们，他们就不会好好做事！"

我经常遇到上述情况——永远缺少优秀员工，仿佛优秀的人才永远都在别的公司。但这些公司遇到的问题不只是员工资质平庸，最主要的问题是他们总是招来不合适的人。老话说"二流的人雇三流的人"，事实好像确实如此。二流的人害怕会被自己带进公司的年轻人嘲笑或超越，在这种恐惧心理的驱使下，他们自然会招聘与自己能力相当或不如自己的人。长此以往，这种选人标准不可避免地导致员工整体素质下滑，公司业绩停滞不前，员工自身也得不到成长。我相信这种情况并不少见。

出色的管理者雇用出色的员工。《哈佛商业评论》给管理者提出的第一条指导原则就是：雇用比你优秀的人，并让他们也这样雇用别人。

B 类员工雇 C 类员工，而 A 类人才则会雇用 A 类人才，因为他们并不会担心公司的选人标准会被抬高。从现实情况来看，雇用优秀的人才，也会促进管理者自身能力的提升。另外，假如这名管理者善于授权，那么，雇用更优秀的员工实际上可以解放自己，推动事业取得更大进步。

"嘿，老板，您有 5 分钟时间吗？"一听到这话，我心里就会"咯噔"一下，它意味着一个很重要的员工要跳槽到竞争对手那里了。在我创业的 20 多年里，这句话一直让我心惊肉跳，被我视为压力的预兆。

不过，从事管理工作几年后，在我雇用了一些非常优秀的人才，并参加了一些辅导课程后，我得出了一个革命性的结论：有人离开很正常。

于是，我的整个视角发生了改变。如果早知道每个人都有可能在三四年后离开，那么我就应该早做打算，让这三四年成为他们职业生涯中最美好的一段时光。这个想法对企业的文化产生了根本性的影响。突然之间，我们开始鼓励员工进步，而不是限制员工发展。我们不再每年或每 18 个月给员工一次晋升机会，而是持续对员工进行培训，提供职业指导，帮助他们加速发展。这一转变很显然要从基层开始，因此招聘 A 类员工成了必须做的事情。

这个转变带来的好处显而易见。我现在懂得的这些常识都来自过去的教训，或者那些别人一眼可知但我却需要他人指点才明白的事实：

- 优秀的人才在良好的企业环境中工作时，会倾向于向同样优秀的人共享各类信息，但他们通常不会告诉才能一般的人，因为他们只想和同样优秀的人一起工作。这将带来一个额外的好处——招聘成本降低。
- 技能培训和职业指导加快了员工成长的速度，最大限度地提高了员工敬业度及其对工作品质的要求。落后于人的员工积极性减弱，最终将被淘汰出局。这种改进顺应优胜劣汰的法则。
- 优秀的培训项目会吸引那些有高度进取心的人，因而新进员工都会是积极热切、奋发努力的人。最佳雇主的荣誉称号，不仅对新员工有吸引力，对客户也有吸引力。
- 客户接触到的是高素质员工，反过来会带来更多业务或介绍新客户，从而推动公司业绩增长。
- 士气高涨，领导的压力也会随之减轻。

有人离开很正常，但只要他们还在公司，你就拥有一支积极性高、训练有素、不断进步的团队。这样的团队还能吸引其他 A 类人才，减少交付差错，减少客户流失，并提高公司在市场上的声誉。在我看来，这是你能为公司做出的最重要的改变。

当然，在招聘过程中，还必须遵从一定的规则。我曾经比较倾向于聘用富有个人魅力或者面试表现出色的人。但是，过了一段时间，这种依靠直觉的招聘方式就暴露出了弊端：有些人确实很出色，而有些人其实非常糟糕。招聘就像艺术一样难以捉摸。但与其说招聘是门艺术，不如说它是一项工艺。它需要的是一个严格的流程。

要招到 A 类员工，依赖严格的流程

根据杰夫·斯玛特（Geoff Smart）和兰迪·斯特里特（Randy Street）所著的《哈佛商学院最有效的人才招聘课》（*Who: The A Method for Hiring*）一书，A 类员工是"那些有大于 90% 的机会取得只有前 10% 的候选人才能取得的结果的人才"。

斯玛特和斯特里特在他们的著作中将这个主题描述得淋漓尽致，我建议你们认真读一读这本书，并尽可能地实践书中的核心方法。另外，这又涉及《从优秀到卓越》中提到的另一条非常好的建议：确保把对的人拉上车。你一定很清楚，今天能够取得成功，不代表未来依然能成功。所以，你们必须做出改变，将工作重心转向增长实验室团队，那么，不可避免地，你会发现有些人不再符合新的核心价值观。

有意思的是，根据我的经验，这些核心价值观其实一直存在，毕竟，它们出自身为公司领导者的你之手。你可能还会发现有些人从来没有符合过，他们可能是影响你前行的最大阻力。他们可能对核心价值观造成了破坏，做出了错误示范，或者更糟——员工管理一塌糊涂，公司内部甚至形成了一个 C 类员工的小团体。或许你觉得可能性不大，但我经常发现，一家公司的 C 类员工到了另一家公司就成了 A 类人才，由此可见，公司背景、文化契合度以及恰当的个人动机，对员工的表现有至关重要的影响。

当你与公司员工谈论核心价值观时，有些人会意识到自己不再适合你的新愿景，他们可能选择主动离开。同时，你也必须尽快辞退 C 类员工，越快越好，这一点非常重要。我与新的咨询客户合作时，这一建议始终是客户能够最快完成的，也是影响最大的。

通常，增长实验室团队中的每个人都清楚地知道，公司里的哪些人是 C 类员工。立即辞退 C 类员工，不仅可以腾出预算来构建战略蓝图，而且还可以借此告诉公司其他人，你会实实在在做出积极的改变，让公司变得更好。

每位员工，我指的是公司里的每一个人，从前台接待员到楼层经理，大家都知道谁是落后分子、谁喜欢逃避责任、谁总是制造麻烦。但大家一直觉得懒惰、不诚实或性别歧视无伤大雅，因为没有人因此受到惩罚。如果你辞退那些成事不足、败事有余的人，那么行事标准必然会全面提高。我敢保证，你采取行动的那天，会有不止一人当面对你说"怎么没能早几个月、早几年这样做"。说实话，你自己可能也在想为什么。

在清除了阻碍你和其他员工进步的人之后，你必须马上把工作重点放在制订计划上，以此让公司拥有越来越多 A 类员工。根据斯玛特和斯特里特的结论，要实现这一目标，就要放弃对自己的直觉和对面试官的直觉的依赖，可以使用以下 4 个遴选人才的工具：

- **岗位计分卡**：描述胜任既定岗位所需的能力及预期的结果。岗位计分卡提供了一套标准，你可以根据这些标准对应聘者进行评估，并向员工明确相应岗位的职责。

- **渠道**：利用人脉预先物色合适的或可能合适的候选人，确保在需要时始终拥有高质量的招聘渠道。

- **甄选**：组织面试，面试时根据招聘职位的岗位计分卡对候选人进行评估，避免斯玛特和斯特里特所说的"直觉判断式面试"，即仅根据直觉、个性或文化适应性来选择候选人。

- **推销**：把工作岗位和公司"推销"给应聘者，让他们愿意为你的公司而不是为别的公司工作。在面试中向应聘者清晰地展示未来发展路线图，让其了解你的计划和远大目标，这样的面试环节可能是影响真正的 A 类人才做决定的关键。

放弃对直觉的依赖，善用遴选人才的 4 个工具

岗位计分卡是个强大的管理工具，可以识别哪些人有能力完成工作，并承担相应责任。岗位计分卡是胜任既定岗位所需的一套评价指标，包括财务指标、准确度、质量或协作能力等方面。每个岗位都有一个计分卡，还有精心设计的关联计分卡。当基层员工达到计分卡上的所有要求时，其上级主管就可以帮助员工实现一个目标。

大多数员工都想知道公司对自己的期望，以及绩效如何评估，如何界定成功。怎么知道这些？计分卡可以为员工提供答案。而且，计分卡还能为管理者提供一个预警系统，及时对员工的工作进行微调，这样在管理工作上就不会浪费太多时间成本或出现失控的状况。这里还有一层隐含的意思：有了用于评估员工表现的计分卡，通过与公司需求相一致的结构化培训来实现持续发展，就变得至关重要了。在招聘阶段就向应聘者介绍计分卡和培训安排，你和应聘者可以更方便地进行相互评估，做出双向选择。

计分卡要对岗位职责和工作资历做出具体要求。下面是一组业绩要求的例子：

- 客户营收增长 50%。
- 项目利润率提高 15%。
- 提供准确率不低于 90% 的月度预测。
- 年底前完成 4 笔价值 50 万英镑的交易。
- 将"准时交付"的客户满意度提高到 95%。

根据不同级别的资历水平，岗位计分卡还可以相互关联：

- 客户服务总监：在 12 个月内现有客户营收增长 50%。
- 客户总监：平均客户总体满意度达到 90%。
- 客户经理：每个项目都有 20% 的净利润。
- 客户主管：每个月 100% 完成客户满意度调查。

每个岗位都有一个计分卡。虽然创建起来很耗时，但它是一个多维度的工具，可用于招聘符合 A 类员工条件的候选人并评估其后续表现：

- 候选人在此前工作中的表现是否符合计分卡上的要求？
- 候选人打算如何完成新岗位计分卡上的目标？
- 候选人是否完全符合新岗位的要求？是否需要帮助、培训或进行岗位调整？
- 候选人是否胜任这个岗位？年度奖金是否要与计分卡的绩效挂钩？

　　计分卡是对员工绩效持续进行衡量的标尺。这把标尺可以用来检查工作、制订个人发展计划，必要时甚至可以弥补员工的工作缺失。保持领先总比落于人后要强得多。我曾经给每位员工进行过一对一的职场辅导，每月一次，每次 30 分钟。这个方法非常有效。职场辅导并不是教员工怎么做事，而是帮助员工从自身利益出发追求进步，你只是给他们空间和系统性的鼓励，让他们自己想出更好的工作方法。如果辅导有效，接受辅导的员工会靠自己取得进步。

　　在这里，辅导与管理是两个完全不同的概念。在企业中，管理员工需要领导者对员工的工作进行监测、调整、评估和改进，有时还要为员工提供培训、指导，为员工指引方向。领导者可以给每一名员工提供职场辅导，而经理却做不到这样，因为精力不够，除非你建立一支一流的团队。

　　最后，斯玛特和斯特里特在他们的书中提出了一个问题，在我看来，这是面试中最重要、最值得推敲，也是最多维的一个问题，你可以向任何一名有意向的候选人提问：

"那么，约翰，你过去的 3 个老板都是谁？如果我问他们你有什么缺点，他们会说些什么？"

我太喜欢这个问题了。我第一次看到这个问题时，仔细一琢磨，简直大吃一惊。于是，我在为一家私人投资公司招聘首席营销官（CMO）时，向候选人提出了这个问题，试着体验了一下这个问题的惊人力量。当时我正为这家公司提供咨询服务，当着公司 CEO 和首席运营官（COO）的面，我提出了这个问题。刚问完，就听到他俩暗暗吸了口气。

这个问题很厉害。它告诉应聘者，面试结束后你可能会向他的推荐人求证，所以他必须当场说出这些人的名字。如果说不出，就必须给出一个清晰合理的理由。这时候没法瞎扯，因为应聘者明白你会和自己的前雇主通话，只能实话实说。而且，最有意思的是，做背景调查时你只要对前雇主说"约翰说你觉得他……"，前雇主就知道自己可以直言不讳了。

这个方法有点狡猾，但如果你只想要 A 类员工，这个方法能筛掉所有不合适的人选。那名 CMO 候选人的面试就栽在了这个问题上。

再次向我的读者推荐斯玛特和斯特里特的那本书。在执行路线图任务时，为了把适合公司发展的人留下来，负责这项任务的人也得阅读那本书。我发现，在执行路线图任务的调查研究阶段，将阅读那本书作为一项任务，并要求团队成员对书中要点进行总结，由此带来的成效非常不错。你也可以带领公司其他团队的高级经理一起学习这些要点，实现共同进步。

任务清单

SCALE
AT SPEED

第一个月　调查研究

◉ 阅读《哈佛商学院最有效的人才招聘课》。

◉ 总结关键要点和关键流程，并传阅给团队成员一起学习。

◉ 检查当前的面试流程；如果有岗位计分卡的话，也要检查一下现有的岗位计分卡。

第二个月　设计方案并测试

◉ 制订面试流程草案，并在当前空缺的职位上进行试用。

◉ 为当前空缺的岗位编写计分卡草案，并进行试用。

◉ 修改当前的员工工作审核流程，将新的计分卡纳入其中。

第三个月　实施方案

◉ 编写当前所有岗位的计分卡。可以请各部门负责人协助。

◉ 发布新的面试流程，培训面试负责人。

◉ 将岗位计分卡纳入公司全体员工的工作审核流程中。

◉ 将新标准和新流程交由合适的人，如人力资源主管或运营主管，来负责实施。

为 3 年后的目标规划组织结构图

依据战略蓝图设定战略目标，你便知晓了公司未来将是什么样子，要达到怎样的质量标准，以及财务目标是什么。如果你设立了正确的目标，而且有雄心壮志，那么，公司将来的规模一定会比今天大得多。如果运用 2 年 3 倍增长法，3 年后你的公司规模至少是现在的 3 倍，员工数量也会是现在的 3 倍。也就是说，如果你目前有 30 名员工，那么 3 年后，员工人数将接近 100 名。

过去，我在人员管理上曾进行一次又一次创新，推出过各种新式的汇报体系，如扁平化管理、全体共治或其他类似的管理模式。无论采用哪种管理模式，当一个人管理的下属超过 5 名，管理工作便很难有效实施。这是我们必须面对的现实。

如果你有 5 名直接下属，每名下属又有 5 名直接下属，那么在没有第三层级管理的情况下，公司总共有 31 个人。如果你还有一位联合创始人，他也有 5 名下属，那么公司总人数会翻一倍。为了达到 100 名员工的目标，还得再翻倍。

这意味着，你需要在某处增加一个管理层级，最基层的员工至少会与你间隔一个层级。招聘、培训、评估以及发展基层员工，这些工作将由你无法直接控制的那个层级来执行。因此，你必须制定稳健的 A 类员工招聘策略才行！

公司发展到一定程度，必然会走向部门化、层级化。我经常看到当一个公司逐渐出现这种发展趋势时，公司架构即刻变得杂乱无章或者采用与其他公司一样的架构。这种局面带来的潜在风险包括以下几种：

- 员工被过度提拔，无法胜任职位要求。这种现象被概括为"彼得原理"[①]。
- 那些训练有素的实干型员工可能会被安排到一个不适合自己的管理岗位，因为除了成为管理层之外，没有其他的晋升空间。为避免这种情况，可以将员工分为管理层候选人或"个人贡献者"。兰德·菲什金（Rand Fishkin）所著的《迷失与创始者》（*Lost & Founder*）一书中有关于这方面的经验介绍。
- 部门成立之初会统一设立岗位，但随着公司规模的发展，有必要进一步细分职责，这就埋下了隐患。公司规模尚小时，客户经理可以兼任项目经理，负责客户服务，当这两个职能最终不得不分开时，工作流程就遭到了破坏，不仅扰乱员工的职业发展计划、打击员工的积极性，还可能影响客户关系和客户服务质量。

防范上述风险的最好办法是进行提前规划。

因为我们制订了一个 3 年的业务计划，所以，制作一个 3 年期的组织结构图就很有必要。按照公司 3 年后的目标状态制作一份组织结构图，与当前的岗位设置对比，设想未来 3 年内谁可以胜任哪个岗位。然

[①] "彼得原理"概念先由"层级组织学家"劳伦斯·彼得（Laurence Peter）博士提出。1969 年，劳伦斯·彼得和雷蒙德·赫尔（Raymond Hull）在合著的《彼得原理》（*The Peter Principle*）一书中对此做了进一步阐述。

后，依据这个设想讨论员工的职业发展计划、说明招聘需求、编制岗位计分卡并制订计划，让这些设想变成现实。

第一个月　调查研究

- 回顾并更新当前的组织结构图。

- 设想 3 年后公司的员工数量、管理瓶颈、机构层级，并基于未来的产品和服务发展设置部门，以及各部门所需岗位，还有承担"衔接"功能的岗位，如运营、行政、财务等。

第二个月　设计方案并测试

- 草拟一份 3 年期的组织结构图。

- 将现有的所有 A 类员工全部放进 3 年期组织结构图中。同时，假设他们的职业发展势头都非常强劲，有的成为职责范围越来越广的经理，有的成为实力雄厚的个人贡献者。

- 根据假想的职业发展进程，确定潜在的培训需求。

第三个月　实施方案

- 将上述职业发展进程纳入员工个人发展计划中，设定目标和 KPI，必要时调整岗位计分卡，并安排专人负责跟进后续进展。

- 确定招聘当前缺失人才的关键节点，分配责任以及预算给相关人员。缺失的人才涉及新部门的负责人、高管等。
- 将可能产生的成本纳入 3 年计划的成本预算中。
- 制作一个工作进度表。

首要任务，激发员工心中的源动力

管理过程中经常有人提及一个老生常谈的问题："如果我们培训了员工，而他们却离开了公司，怎么办？"

另一人回应说："但是如果我们不培训员工，他们却留在了公司又该怎么办？"

如果你真心雇用优秀人才，就应该用心留住他们。优秀的人才都希望得到发展和晋升的机会。公司发展路线图的第一年或第二年中，通常会出现一个关键问题，那就是员工培训。我合作过的许多公司基本上都会在员工培训方面有所行动。有的会预留出一笔培训预算，每个员工大概几百美元的样子。这笔钱往往由员工自由支配。员工通常将这笔钱用于参加大型会议、结交同行；也可用于参加某种职业培训或学点其他技能，从而让履历更精彩些，方便将来跳槽。虽然能从如何使用这笔钱看出一个人真心喜欢做什么，但这种因有预算而随意选择自我提升项目的福利，其结果要么适得其反、要么根本没什么效用。

一个优秀的管理者会更多地参与员工决策。理想情况下，所有的培训项目都应支持以下几点：

- 本部门的未来发展计划。
- 本人的个人发展计划。
- 公司的持续改进政策。

还应充分考虑这几个方面：

- 员工自身的弱点或提升个人技能的机会。
- 部门的不足或机会。
- 员工的职业发展计划，让其发展为能胜任在 3 年期组织结构中，为该员工设想的未来岗位。

在部门或经理层面制订的培训计划，应当符合公司发展目标的大背景，并且服从公司为期 3 年的战略蓝图的需要。因此，员工培训是路线图中的首要任务。

任务清单 **SCALE AT SPEED**

第一个月　调查研究

- 回顾现有的所有培训。

- 参照战略蓝图的重点事项，梳理潜在的培训机会。

- 参照 3 年期组织结构图，在考虑重要员工的进步和必备技能的前提下，梳理培训需求，以满足其未来职位的要求。

第二个月　设计方案并测试

- 设计并购买一项长期的培训项目，与部门负责人及负责人力资源规划的人员一起，测试项目的可行性。

- 寻找每个关键培训的提供者。

- 根据当前需求确定培训预算以及起始时间。

- 制订培训计划草案，建立 KPI。

第三个月　实施方案

- 开展首批培训项目，并根据 KPI 衡量其结果。

- 制定一个时间表对培训效果进行评价，并根据需要进行调整。

- 设定最后期限，将培训计划纳入员工手册和预算周期。

- 确定未来负责公司培训的人员。

你也可以考虑让自己和高管团队接受职场辅导的培训。在理想环境下，公司里的每个人都会接受某种形式的职场辅导，可以是高级的综合性辅导，也可以是初级的指令性工作或技能辅导。我非常喜欢学习如何给别人做职场辅导，也喜欢辅导我的团队。看着与你共事的人突然恍然大悟，明确自己下一步要做什么，是一个管理者最大的满足。一旦完成了一些架构性工作，你也可以给自己安排一项参与职场辅导的任务，并按季度推进。

2 年 3 倍增长法的要领

- 找出并详细描述你与团队共同的价值观非常重要，值得投入时间去做。

- 让公司充满与公司价值观一致的 A 类员工，这样你的公司文化就会蓬勃向上。

- 使用计分卡描述对岗位的期望，衡量员工业绩，并让员工承担相应责任。

- 持续培训你的员工。与其让不思进取的人一直留在公司，不如让优秀的人接受培训，哪怕他们之后可能会离开公司。

SCALE
AT SPEED

第 **4** 章

维度 2，高利润客户满意度的优化路径

只要放弃无利可图的事情，利润就一定会增加。

设计战略蓝图的客户板块

在我创业早期，经常会开玩笑说："如果公司没有客户、没有员工就好了。"我也曾经焦虑于有人对我说："老板，现在有个情况……"这些情况往往是大客户突然撤销预算，千辛万苦拿到的项目被推迟，甚至突然被解约，或者有人给我们制造了什么麻烦。

我的公司曾有过数十个大客户，每个客户都由客户经理或大客户经理负责日常对接和管理，以及交付重大项目。即便有成千上万的客户使用你的软件，或通过电子商务及实体店购买你的产品，情况也没什么不同。无论你从事的行业是需要与很多人打交道，还是要与人面对面地近距离线下交易，或者是网络交易，你都要想方设法让客户满意。判断客户是否满意有很多种方法：看他们花了多少钱；征询他们的复购意愿；回访询问反馈意见；请他们对你们的应用程序或服务打分；阅读客户评论；留意客户流失率等。用什么方法不重要，重要的是为了发展，你需要让客户满意并从中获利。

这是一种微妙的平衡艺术。能否管理好客户满意度，取决于你是否具有长远眼光，以及你是否能够实事求是地集中资源改善客户反馈的问题，从而改变他们的态度或看法。为了实现这种平衡，以下 3 个方面的内容需要展现在路线图中：预见问题；找出能真正实现盈利的客户；做能盈利的工作。

最后一点不仅跟客户有关，更是一个业务流程问题。如果你能重视客户对你所提供的服务的看法，并有意选择那些既能带来收益又易于合作的客户，一切就容易多了。这是很重要的两项任务，本章后续将加以介绍。图 4-1 展示了如何在战略蓝图的"客户"板块设计相关内容以达成相应目标。

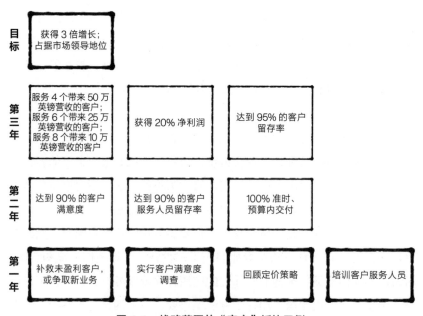

图 4-1 战略蓝图的"客户"板块示例

有些与客户相关的任务需要借力其他板块的任务，或在其他板块任务的驱动下完成。例如以下任务：

- **客户满意度调查**：请满意度高的客户宣传推荐（属于销售和市场板块的任务）。
- **挑出未赢利的客户**：用时间表进行状态跟踪，将其与向客户收取的费用进行比较，并将相关数据添加到月度 KPI 报告中（属于业务流程板块的任务）。
- **90% 的客户服务人员保留率**：为客户管理团队提供培训（属于员工板块的任务）。

面对苛刻的客户和有限的资源，要能够预见问题并阻止其发生，这样你才不会疲于"救火"。

在我职业生涯早期，一位客户给我上了一课。此前一段时间，客户对我们的工作越来越不满意，这让我的团队成员也觉得很委屈。于是，我去拜访了这位客户，询问情况，了解问题所在。他给了我一大堆反馈意见，其中大部分反馈都非常积极。这个结果让我很困惑，最终，我只好"逼"客户说出他们的真实想法，原来他们觉得我公司提供的服务并非物有所值。

我对此感到很震惊。真实情况是，客户每花 1 英镑，我们的团队就为他们创造了 19 英镑的销售额。我将此事实告诉客户，他们听了也很震惊。"我真的不知道。"他说，"我们越来越不满意，是因为我们只看得到你们的费用一直在增加！"

我们这才明白，如果想让别人理解你，你必须清楚地表达出来，不能让他们去猜测。客户不满意，是因为我们没有认识到对他们来说重要的是什么，反而想当然地认为他们没有理由不满意。由于我们没能清楚地与客户沟通，他们才觉得我们的工作做得不够好。"感知即事实"这个误区，是客户管理中一直存在的重要教训。

善用 CSS 分值，赢得客户的满意并从中获利

想了解客户的想法，最简单的方法是直接问他们，但是人们很少这样做。大多数时候，他们要么不敢去问，要么是问题带着固有的偏见，要么只询问那些满意的客户。最糟糕的是，他们为了获得高分，弄虚作假，欺骗自己，欺骗投资者，也欺骗未来的客户。

在英国，史蒂夫·安东尼维奇（Steve Antoniewicz）提出了一种适用于广告界衡量客户满意度的方法，即要求客户匿名给各自的广告代理公司评分。每一年，各家广告公司都会做一次简单的问卷调查，只有 7 个问题，客户借此对广告公司提供的服务打分。史蒂夫创建的这个调查平台现归属于英国 Drum 咨询公司，广告公司可以通过该平台看到客户评价的总分，他们得自己去推测每个客户具体打了多少分，然后改进自己的服务质量。客户评分最高的公司最终可获得相应的奖项。

我们不用每天惦记着获奖，但还是有必要了解一下如何改进工作，以及了解客户对你提供的服务持什么看法。所以，你应该询问客户，并且要经常问。

Drum 推荐奖的服务对象是市场营销及创意行业的公司。奖项按以下 7 个方面对参选公司进行评分：

- 客户服务。
- 主动性。
- 战略建议。
- 创造性。
- 性价比。
- 准时。
- 预算控制。

显然，评选标准要根据自己所处行业及部门需要进行调整，而上面这些评选要素是一套极有帮助的衡量标准。我非常建议这样的客户调查每月进行一次，因为若只在每个季度、项目结束时或年度工作汇报后做调查，获取的信息根本不足以及时掌握客户关系的起起伏伏，也不足以避免"找准时机"的投机主义。后者可能会为了让调查结果看起来光鲜而对调查者动"歪脑筋"。值得注意的是，对某些人来说，问卷调查应当匿名进行，或由与客户经理无关的人员来操作。

通过这套清晰明了的工具了解当前客户如何看待双方的关系，我们很容易发现某种规律和趋势。如果客户对你提供的价值评分一直很低，那你就需要找出原因：是未能向客户提供价值，还是所提供的价值不符合客户需要，或者是未能有效地向客户说明你产出的价值？如果多个客户提交了同样的反馈，那你就知道该解决什么问题了。比如，应该重点关注服务过程，或者应该精准寻找那些需求更符合公司能力的客户。如果低分都来自同一团队或类似的项目，或每月同一天下订单的客户等，你可以找找规律，然后解决问题。没有这些信息，就没有办法改进。经常搜集这样的数据，你就能发现问题并阻止其出现，而不是等问题严重到客户打电话向你投诉。而如果等到这些问题不了了之，则会更糟。

完成首次客户满意度调查后，你就有了一条基准线。我估计在首次客户满意度调查中，你们的分值会很高，但客户一旦意识到评分于自己有利，就会开始用诚实直接的态度给你打分。安排这样的问卷调查很容易，可以向客户这样介绍："如果您告知我们哪里有改进空间，我们会把工作做得更好。"之后，你必须持续追踪，真正改进工作，并就客户反馈的事宜向他们报告进展，让他们知道你不是做做样子而已。

知道哪里还有改进空间，我们才能做得更好。关注客户的满意度，能够培养一种开放的企业文化，鼓励团队成员及时发现问题并采取行动加以改进。

基于如上信息，表 4-1 提供了一个实际应用 Drum 推荐奖标准化问题进行满意度评分的示例：

表 4-1　Drum 推荐奖标准化问题评分示例

评分项目	最低分	最高分	平均分
客户服务	75	85	80
创造性	50	85	67
效率	65	80	72
专业性	50	90	73
战略性思维	80	80	80

续表

评分项目	最低分	最高分	平均分
性价比	65	75	70
倾向性评分	80	95	85

如果某个方面的分值一直很低，作为领导者和管理者的你就得特别关注这一方面的问题。为了改变客户评价，我们可以采取的措施包括：制定额外的汇报制度，并对员工进行报告技巧培训；推行不同的客户反馈机制，必要时甚至对团队进行大换血。纠正某个具体的过错，我们可以采取的措施包括：开展员工培训；寻找更好的工作方式，重建工作流程；更换供应商。当然，你也能从中发现新机会。客户服务中出现漏洞或许暗示着客户需求未得到满足，因此你可以借机开发新产品或新服务，聘用新人才，甚至并购新业务。

通过上述努力，你在客户心目中的形象会很快提升，并且让他们觉得你真正关心客户需求。另外，你还会有意外的收获，那就是有了更多时间来解决和纠正出现的问题。毕竟因意外情况或某种恶劣行为未得到重视而令客户恼怒，比因纠偏过程缓慢而引起的客户不满，要严重得多。

客户满意度是个非常重要的工具，其分值应作为公司运营的一项 KPI，在每次的 2 年 3 倍增长法路线图进度会议上进行汇报。其流程是：先汇报总分值，然后是负面的异常值或异常趋势，大家再一起探究问题所在，必要时也可提交应对之策。表 4-2 列出了具体的汇报框架，以供参考。

表 4-2 向增长实验室团队进行客户满意度月度汇报的摘要示例

汇报项目	百分比	具体内容
客户满意度调查总分值	95%	总分值涵盖所有衡量指标; 附上所有客户评分情况,便于必要时复盘并发现问题,为公司有机增长[①]提供思路
参与调查的客户比例	100%	列出异常信息
报告内容		13 个月总分值变化线形图; 13 个月各客户分值变化线形图; 13 个月各衡量指标高低分值比较柱状图(该图可体现问题所在,以及全年波峰和波谷的相关数据)

任务清单 SCALE AT SPEED

第一个月 调查研究

◉ 复盘过往的客户满意度调查。

◉ 列出客户关注的重点领域,这些领域可作为评分标准。

◉ 询问重要客户:他们希望监测哪些方面的问题,愿意接受哪种形式的调查。请记住,你需要经常进行此类客户调查,搜集客户反馈信息,至少每月一次。基于此,本类客户调查应当简单快速且不用特别正式。

第二个月 设计方案并测试

◉ 起草调查问卷,并在关键客户中进行测试。

---

① 有机增长:指企业通过增加产量和销售来扩张业务,而不是通过合并、收购和接管来实现增长。——编者注

- ◉ 创建符合公司特点的报告格式。报告应汇总所有分值，再用最终平均值乘以参与调查的客户百分比，得出最终总分值，以此弱化仅有高分客户参加调查的机会风险。如果参与客户数量有成百上千之多，那么，所选取的样本量需要在统计学上是合理的：即至少有383 名受访者，按有效率 95% 计算，随机误差范围为 ±5%。

第三个月　实施方案

- ◉ 对负责客户调查和收集结果的相关团队进行培训。

- ◉ 面向所有客户或选择有代表性的样本展开调查。

- ◉ 整理出首份反馈数据，向增长实验室团队及客户服务团队汇报。

赢得高利润客户的忠诚

大多数客户无论付了多少钱，都需要你付出大致相当的精力，来让他们满意。

换言之，无论是 1 万美元的客户还是 10 万美元的客户，你付出的时间和精力都差不太多。项目的成果可以扩大，但客户服务或项目管理的精力不能扩大。一份理想的商业计划中，每一美元的收入都对应着固定的服务成本。但我们都知道现实并非如此。越是大客户，可能见识越广、员工素质越高，因此，需要我们投入的精力、提供的培训及学习的程度明显降低。虽然一个大客户可能需要 10 名员工来服务，但服务规模只有其 1/10 的客户绝不可能只需一名员工。所以说，盈利能力与付出成本不一定成正比。

每当我们去争取一个新客户，无论项目规模有多大，投入的销售资源和营销支出都差不多。这也加剧了项目的规模与盈利能力之间的不平衡。在规模较小的公司中，这种不平衡带来的影响可能更明显。假设服务一个客户需要 3 人，赢得这个客户需要 1 人，那么，如果有 12 个客户，就意味着一个人可以多花时间来——赢得每一个客户，后续却要由 36 个人进行来维护。如果多花些时间去赢得一个 4 倍规模的客户，是不是更合算呢？

再换一个角度来思考问题：假设所有客户的净利润都为 20%，你更愿意拥有 10 个能分别带来 50 万英镑营收的客户，还是 100 个能分别带来 5 万英镑营收的客户？在买方市场或者销售人员不足的情况下，哪种方式更易于发展？

另外，在服务行业，如果公司有严谨的发展目标，客户构成通常呈金字塔状：第一梯队的客户是那些长期的大客户，可能占公司营收的 50% 左右；第二梯队是中等规模的客户，有潜力成长为大客户；第三梯队则是目前规模较小但有机会扩大规模的客户。于是，在保持适当平衡的基础上，你要着重关注客户的盈利能力、成长可能性以及资源集中程度。其中，成长可能性取决于该客户是否与你的战略计划、企业文化、未来产品革新等相契合。

你也要能识别出盈利能力次优的客户。这些客户可能会有一些共同点，比如经常改变最后期限或经常在最后一刻更改订单等。

甄别高利润客户

客户对你公司的发展是否有帮助，可以通过以下几个要点去衡量：

- 获得的成木。
- 领导团队需要投入的精力。
- 维护成本。
- 所需的服务级别。
- 考虑资源稀缺性后所需的资源。
- 原始价值。
- 终生价值（CLTV）。
- 盈利能力。

我在经营自己的公司时，选择客户的一个重要因素是亲和力。有的客户名头很响，但服务他们的过程非常痛苦，因为他们态度傲慢、举止粗鲁、自以为是，还有的非常愚蠢。放弃这些本来利润丰厚的客户，员工士气会大幅提升，而这永远比收入上的损失更重要。你猜怎么着？回想起来，我们拥护的核心价值观，那些令人讨厌的客户都不认同。

利用手头的数据或其他易于收集的数据为客户创建一个计分卡，很快你就会发现一个 20/60/20 法则：20% 的客户高利润、低投入；60% 能盈利、适度投入；20% 低利润、高投入。综合考虑，你会最终把客户分成 3 类："想要更多""乐于拥有"和"避免更多"。

理想状况下，你应当尽快处理那些"避免更多"类客户。这和发现 C 类员工就马上解决一样。

遇到此类客户，有个办法操作简单又实用，那就是把需要解决的问题返还给客户。这个办法简单易行，可做到既实事求是又有礼有节。如果客户解决了那些问题，他们便可能成为优质客户，升至"想要更多"这一类别。

因此，如果某个客户身上无利可图，请向客户解释清楚原因，并提出解决方法。咨询服务类行业常用工时表来统计投入，分析投入产出比，这个方法相对容易。你也可以通过计算投入的资源成本，向客户说明问题出在何处。

另外，如果某个客户只给你带来了很少的利润，比如 5%，而你更愿意赚 10%，那么你每提价 1%，都将直接转化为利润。要达到 10% 的利润率，只需将价格提高 5%，而这个比例不比当前的通货膨胀率高出多少。当然提价是个挑战，应对它的一个办法就是问问自己，如果将价格提高 5% 甚至 20%，你是否会失去 5% 或 20% 以上的客户。如果不会，那就这么办。这样你的均价提升了，利润增加了，无利可图的客户数量也减少了。

理论归理论。现实中，那些无利可图的客户可能因为一些特殊原因而被保留，比如企业文化动因（慈善或项目本身很有趣）、为了提升利益相关者的好感度（企业责任或行业监管）或客户的品牌影响力（高知名度企业有利于吸引其他盈利客户）等。其中，第一个和最后一个原因本质上也是追名逐利，服务"追其名"的客户说到底是为了或早或晚地吸引来"逐其利"的客户。

当然，如果一个客户确实比较粗鲁，委婉提醒也无济于事，又不能换人，那么我建议你干脆放弃。你的员工一定会为此欢欣雀跃，他们会感谢你站在了他们这一边，而不是只顾着赚钱。

挑选有利于发展关系的客户

为了搞清楚什么样的客户是你"想要更多"的，值得仔细研究一下 20/60/20 法则下的客户清单。前 20% 的客户必定具备一些共性，其中的某些正是建立良好的商业伙伴关系或长期愉快的客户关系的基石。根据我的经验，几乎所有与我合作的、共同制定企业价值主张的公司都表示，他们最优质的客户，其行事方式十分符合增长实验室团队的核心价值观。如果你能找出所有前 20% 客户的一个或多个共性，你便会清楚自己应该锁定怎样的目标客户了。所以，既然能找到一种方法来获得更多的理想客户，何不花些心思努力去做呢？

作为一项季度性任务，这个过程通常具有非常强的启发性，要求的产出标准也很容易定义。调查研究阶段需要收集一些数据，因此启动任务前可能还需要一段时间。不过，最终结果往往极有成效，既能鼓舞士气，还能提升资源效益。公司利润也立刻会有所增加。

努力寻找最有效的客户，还可以为公司的市场营销工作提供必要的成功因素。有关这一点，将在下一章进行论述。

任务
清单
SCALE
AT SPEED

第一个月　调查研究

⦿ 收集每个客户的资源利用及资源回报相关数据（详见第 6 章）。

⦿ 核查每个客户的利润总额。即使该客户的利润率达20%，但 2 000 元的 20% 也不如 20 000 元的 20% 有价值。

⦿ 收集每个客户的客户满意度数据，包括分值和回复率。

⦿ 收集员工反馈，找出有问题的客户和受欢迎的客户。

第二个月　设计方案并测试

⦿ 创建一份客户名单，分为 3 类："保持""不上去就出局"以及"清退"。"不上去就出局"要看客户能否实现盈利、提高满意度、改善关系，如果做不到，就清退。

⦿ 为相关客户制订"不上去就出局"计划。找出得体地摆脱不想继续合作客户的方法。比如，为客户介绍别的供应商，这是建立业内友谊、保留未来合作可能的好方法；再比如，完成当前工作后结束合作；或者提高价格，迫使客户另觅他人。

第三个月　实施方案

◉ 实施"不上去就出局"计划。

◉ 在公司内部传达你的决定，让员工知道你关注盈利能力、关注成功，像重视客户一样重视员工的满意度。

◉ 在"理想客户画像"中加入常见的正负面特征，供市场营销团队和新业务团队使用。

SCALE
AT SPEED

2 年 3 倍增长法的要领

- 了解客户看重的是你工作中的哪部分价值。

- 定期开展客户满意度调查，这会让你：了解当前客户看重什么；了解需要改进的地方；深入了解如何改善客户关系、改进产品和业务流程，以及提升员工素质；根据客户的实际需求开发新产品和新服务。

- 遴选那些想要你的产品和服务、与你拥有共同价值观且可以盈利的客户。

- 摆脱那些无法盈利的客户，或者改变你提供的产品和服务，将他们变成盈利客户。

SCALE
AT SPEED

第 5 章

维度 3，市场定位与价值主张的精准制定

一个好的价值主张会吸引客户主动来找你。

设计战略蓝图的市场板块

我经常遇到这样的公司：它们一时业务量堆积如山，一时又无所事事，业务状况反反复复、无法预测。其实，这种业务波动完全是可预见的。

"我们现在要做的事太多了，先把开发客户、参加竞标的事放一下。"

"现在的工作量不足，让我们集中精力开发潜在客户吧！"

"万一这些竞标我们全赢了呢？到时候会应付不来，还是有所筛选吧……"

若你一直处于被动状态，后果可能很严重。只想着当下有多少可用资源，一旦业务量暴涨，又恰巧处于业务发展周期性上升阶段，你就会被压垮。许多公司争取到大量新业务，却没能维护好老客户，因此失去了老客户，最终导致亏损甚至破产。借用一个航空术语，这种现象被称为"驾驶员诱发振荡"[1]，可能会导致坠机惨剧。

避免出现上述被动局面的诀窍是做好部署，按一定节奏同时运行以下多项工作，有计划地寻找补充新客户的机会：

- 开发潜在客户。
- 根据潜在客户与公司战略、文化和产品的匹配度，对客户进行甄选。
- 实施客户转化行动，包括竞标、提案、估算、结案。
- 启动客户服务。
- 交叉销售或追加销售。

理想情况下，这些工作应由多人负责，但在现实中，一个只有几十名员工的小公司里，以上全部工作可能仅由一两个人来处理。因此，要想一切顺畅，你需要有可靠的基础流程（见图 5-1），还要有一清二楚的价值主张，明确自己在卖什么、卖给谁。

图 5-1 的示例中，第一年的 4 项任务已按特定顺序排列，你应该能理解这样排序的原因：如果不优先建立价值主张，就没有能推向市场的产品、没有挖潜在客户的方向，而没有潜在客户也就谈不上交易。你制定的市场策略，只针对自己的产品或服务，也只针对你自己公司所处

---

[1] 驾驶员诱发振荡：指战机在飞行中出现振荡时，驾驶员会本能地使用驾驶杆来消除振荡。然而，由于战机操纵系统的缺陷，驾驶员施加的力非但无法使振荡减轻，反而会加剧振荡。——编者注

的市场。价值主张非常关键，之后本章将对其稍作说明。公司发展到现在，你一定很清楚如何开展销售工作，但原谅我要在此班门弄斧一下，我要谈的是如何销售价值，而不是价格。另外，我还会重点介绍一些心理学层面的销售技巧。

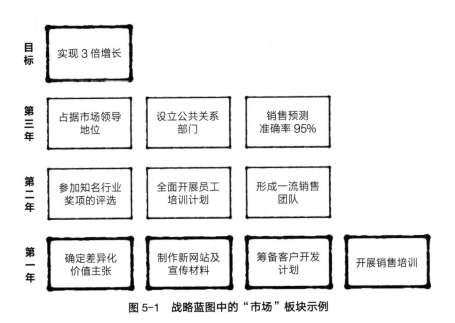

图 5-1　战略蓝图中的"市场"板块示例

明确公司的独特定位和价值主张

确定你公司的与众不同之处是什么，这是最重要的事情，这个答案将是你公司发展的指路明灯。吉姆·柯林斯表示，最好的市场定位是你能在市场上做到最出色且能守得住这一成绩的那个领域。他称之为"刺猬法则"。刺猬这种低调的食草动物一受到攻击就会蜷成一团，用长满全身的尖刺保护自己不受伤害。刺猬法则所反映的市场定位，可以用图 5-2 来说明。

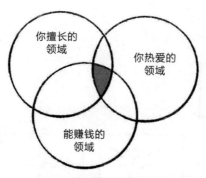

图 5-2　确定公司的市场定位

由 3 个圆形组成的维恩图之所以如此强大，是因为它们能反映出最小的稳定构图。3 个圆两两相交，两个圆之间可以任意移动，最终形成一定的稳定关系。三者这种稳定的关系，就像是小板凳的 3 条腿，让人坐在上面稳稳当当。

在图 5-2 中，维持三者稳定必须同时满足以下 3 个条件：

- 你热爱的，也是你擅长的，但是如果不能赚钱，公司无法长久地良好运营。
- 你热爱的，也是能赚钱的，但是你不擅长，会导致客户不满，公司也无法长久地良好运营。
- 你擅长的，也是能赚钱的，但是你不热爱，工作让人乏味，会导致公司产品或服务缺乏竞争力，最终公司还是无法长久地良好运营。

确定一个好的市场定位，能区别于他人且能守得住，这是开展市场营销、促进快速增长的坚实基础。但是，市场定位不能虚假构建，因为最终会被戳穿。市场定位必须出自事实，这就需要你从内部发掘，而不是发明创造。那么，该从何处着手呢？

确立区别于他人的价值主张

有了清晰的价值主张，你就可以借此让潜在客户明白，你是最适合他们的供应商，进而从众多竞争对手中脱颖而出。杰妮·史密斯（Jaynie Smith）在《创造竞争优势》（Creating Competitive Advantage）一书中提出，你需要确定：在客户的眼中你与其他竞争者有何不同。史密斯说："一个有价值的竞争优势，是买家选择你而非你的竞争对手的理由。"

你所提供的产品或服务必须能让潜在客户产生共鸣，这样，当他们有类似需求决定购买的时候，他们就会来找你。你必须对自己的产品或服务有信心，这是当然的。除此之外，你还需要确立一个区别于他人的价值主张。

刺猬法则告诉我们，你所做的事情必须是你做得非常出色的，最好是选择你有能力成为世界第一的领域，而且你要能守得住自己在这个领域的领先位置。要实现这一目标，就需要一个精彩的价值主张。

例如，"为创业家提供创意服务"，这是英国阿尔法世纪广告公司（Alpha Century）的价值主张，非常精彩。它描述了公司的业务内容、目标客户。它指出了公司的业务只针对某一类特定的领域，公司运营也以满足这一条件为行事标准。他们的做法是聘用有创业经验的员工，比如，从事创意工作的员工曾在 Etsy 电商平台上开过店，项目管理负责人自己创业开过公司。这一做法增加了企业家客户雇用他们的机会，因为双方有共同语言，能互相理解经营中出现的一些紧迫问题。反过来，员工通过服务这些企业家客户，又进一步增加了专业知识，这帮他们始终处于其他竞争对手无法比拟的优势地位。阿尔法世纪广告公司在实施了我们的 2 年 3 倍增长法并确立了新的价值主张后，两年内毛利润就达到原来的 3 倍，从当初只有 7 人的默默无闻的小团队，发展成业内排名前 40 的广告公司。

经营一家企业最应该做的事情，是先确立企业的价值主张，而不是决定开发什么产品。图 5-3 展示了价值主张的正确确立过程。

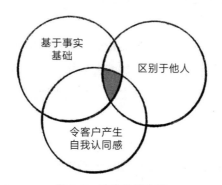

图 5-3　确立价值主张

"基于事实基础"包含两层含义：第一，你必须能够证实其真实性；第二，它必须符合团队的核心价值观。必须有实证能证明在某个方面你是或能成为市场最佳，这还能带来另一个衍生的益处：如果你坚称自己在某一领域是最优秀的，那么你的业务流程以及即将开展的一个或多个战略项目，必须能够保持你的竞争优势。换言之，如果你着力打造自己

在某一领域能力卓著的声誉，那么企业必须围绕持续保持这一领域的卓
著优势制定发展方针。这些发展方针可能包括持续创新、高薪聘请卓越
的人才，并注重同行、客户和行业的认可。因此，确立价值主张必须审
慎，要仔细斟酌这一主张的深层含义，考虑为践行它所需付出的努力，
以便有足够的能力持续证实它！

有时，价值主张不需要过于复杂，只要没被竞争对手使用就行。我
在创作本书时，英国电信（telco BT）正开展一项宣传活动，并声称它
是英国唯一一家保证每个房间都有 WiFi 的电信公司。这个口号既不巧
妙，也不吸睛，事实上也并不独特，却从来没人提出过。提出这样的价
值主张，他们将吸引几乎所有担心家中网络信号不够强的用户。

要做到这一点，正确的做法是站在客户立场思考问题。客户立场可
以从下列这些角度和因素来思考：

- 所处情境。
- 攀比心理（如邻居、竞争对手或市场）。
- 希望改变（自我形象、工作方式、关注点）。
- 追求完美。
- 好胜心。
- 个人需求。
- 客户身份是个企业家。
- 有远见。
- 客户是个成功人士。
- 有决心。
- 不愿担风险。

我参与确立的最佳价值主张，出自一家名为 Impero 的数字营销机构。他们仔细分析了自己最喜欢的客户、最热衷的业务，以及最自豪的工作成果。一次热烈而紧张的讨论后，他们最终提出了"我们会让老品牌重新绽放光芒"这一主张。

他们认识到，自己可能是世界上在这方面做得最好的公司。他们服务于风光不再的老品牌，利用创造性思维和独到的洞察力扭转局面，把老品牌重新推上竞争舞台，在市场上掀起"波澜"。他们成功完成了多个老品牌的重建项目，于是决定重点开拓此项业务。事实上，他们决定放弃其他类型的工作，集中精力只做这样的项目。

这就是说，他们要专注于提升品牌重建的能力。并且，他们宣称自己在获得这一领域的领导地位后，积累了独特的经验，培养了专业能力，逐渐占据了市场主导地位。两年后，他们的收入翻番，拿到了 5 项年度最佳营销机构大奖。

这个价值主张的真正机智之处，在于它虽然看起来只适用于特定的客户，但实际上并非如此。所有公司新上任的营销主管都可能被这一价值主张吸引，并说服自己的老板重建品牌、扭转乾坤。它为什么能吸引人？因为它只用一个独树一帜的短语，就直击客户面临的状况、无法言明的隐忧以及对未来的憧憬。

价值主张要专一

在设计 2 年 3 倍增长法的路线图时，一个专一的价值主张的优势在于，它非常直接。价值主张确立后，假设它符合上文阐述的刺猬法则，你就知道要想满足未来客户的期望，你需要做些什么。也就是说，设计自己的产品和服务时，只需要考虑是不是自己热爱的、是否有伟大的意义、是否有利于实现利润目标等因素，或者只要考虑如何完成就行了。

我出身于科技创新和市场营销行业，它们有个共同的特点，即为了避免错过潜在的客户，要为所有人提供大而全的服务。然而，这种"广撒网、多捞鱼"的做法带来的结果是，你会捕捉到各种各样自己不想要、不需要的"鱼"。你是行业的最优选择，所以，客户主动来找你。想想森海塞尔（Sennheiser）耳机、布加迪（Bugatti）跑车、英国猎人靴（Hunter Boots）、德国利德超市（Lidl）、伯顿（Burton）滑雪板或比克（Bic Biros）圆珠笔。这些杰出的公司都有非常具体的价值主张，他们明白，自己不可能拥有所有客户。事实上，大多数公司并不想成为世界第一，他们只想成为一家卓越的、广受好评的、赚大钱的、人人都想在这里工作的公司。

所以，何必费力吸引所有客户呢？放弃一些潜在买家，是一条可行的路。对客户群体进行分化，因为有分化出去的，就有被吸收进来的。吸收进来的客户更可能会认可你们的工作方式、工作标准、精神气质，甚至你们的核心价值观——即使你们已经不再主动将核心价值观发布在公司网站上。他们更容易与你和你的团队保持步调一致，合作起来更融洽，他们对你们工作的满意度也更高，他们会更长久地成为你们的客户，从而降低客户流失的成本，并且他们也更有可能增加预算，成为你们的大客户。

细致且极具吸引力的价值主张驱动着增长，支撑着整个团队的工作重心、专业化决策和培训。这样的价值主张可以吸引自我认同的客户和志向远大的员工，绝大多数员工都会相信："我们就是要成为这个领域内世界上最好的公司！"

以下是几个价值主张的示例，它们之所以出众，是因为它们既发现了受众需求，又明确传达了主张者的业务重点：

- 聊天机器人公司 Synthetic：价值数百万的对话。
- 电子商务软件提供商 JH：先行两步。
- 品牌代理公司白熊（White Bear）：创建未来的独角兽品牌.

我的下一本书会重点阐述竞争差异化和确定价值主张的内容。在我的新书上市之前，如果你想了解更多有关这两方面的内容，我推荐你从阅读《创造竞争优势》和《从优秀到卓越》这两本书开始。

吸引真正有需求的客户

给 100 个陌生客户打电话请求他们与你见一面，和让 10 个客户带着自己的需求上门求教，二者之间大不相同。

前一个销售手段的问题是，有些客户觉得他们有必要见见新的供应商，但其目的是更新一下市场资讯。这就解释了为什么开发客户或电话销售有个蜜月般的开头，却很少产生最终销售结果。客户只是在自己的工作手册上记下与你会谈的日程安排，仅此而已。你给潜在客户打了电话，刚好他有某个特定需求，出现这种情况的概率极低，除非有奇迹发生。

　　事实上，我们可以用维恩图来描述转化一个潜在客户的绝对条件（见图 5-4）。

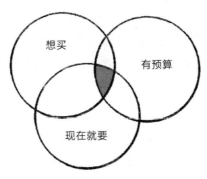

图 5-4　转化潜在客户的绝对条件

　　如果这个潜在客户自己没有预算，他就得先说服别人获得预算。你无法把握局面，潜在客户无法成功转化。如果客户并非现在需要，那么给他们提供方案就是在浪费双方的时间。只有同时符合这三个标准，他才是真正合格的潜在客户。

　　你或电话销售人员打打电话就能碰到一个合格的客户，这是概率极低的事件，这比碰到与你生日相同的人的概率还要低。这就是为什么大多数销售人员把销售工作视为数字游戏。如果你按他们的方式做，就对了。

　　在讨论如何科学地开发潜在客户时，需要考虑的前提条件是你拥有的资源并不充分，并且你不想浪费时间让那些资历尚浅的人去参加销售会议，因为你清楚那样的会议可能不会有什么结果。你想要向一个合格的潜在客户呈现公司的最佳状态，而你要是把精力分散到多个项目上就无法保证做到这一点。因此，我们还是要关注那些有业务需求的潜在客户：他们想要你的产品或服务，他们已经准备了预算，并且他们现在就想要。

如何才能知道谁是真正符合 3 条标准的潜在客户呢？最容易、最高效的方法，是让潜在客户自己主动找上门，并自证符合这 3 条标准。

打个比方，你在马路边上开了一家加油站，还竖了个巨大的标志。有人需要加油时，他们就会停下来。你不需要做任何说服工作，因为他们明确自己的需求，知晓自己有钱支付，并且他们的油箱是空的。这就是自证合格的潜在客户。面对这样的客户，你只要做足准备接待他们就好了。

吸引那些自证合格的潜在客户的惯用方式是进行宣传，如公关活动（发表演讲、撰写文章、接受采访、在媒体文章中被引用等）、内容营销（白皮书、视频、播客）以及举办活动（早餐会、研讨会、专家会议）。我们公司每年要召开几次专家会议，新的咨询客户几乎都是靠这个活动吸引来的，再加上介绍来的客户，构成了实施 2 年 3 倍增长法期间每年新增客户中的绝大部分。

广告和社交媒体活动也是一种选择。如果你的价值主张非常明确，你的目标受众便可以轻易地判断自己是否属于你的目标范围，以及是否需要你销售的东西。如果答案是肯定的，他们会在合适的时候来找你。你只要不把提案搞砸就成功了。

任务清单

SCALE AT SPEED

第一个月　调查研究

◉ 收集客户方的决策者和影响决策者的相关数据，了解他们最有可能何时购买，以及他们有多少预算。

◉ 了解客户的某个迫切需求，及其在客户采购周期中所处的时机和作用。

第二个月　设计方案并测试

◉ 制作用于宣传的材料。

◉ 计划和安排宣传活动。

第三个月　实施方案

◉ 推广宣传内容或组织宣传活动。

◉ 衡量宣传活动及宣传内容的响应率，着手完善下一次活动计划。

◉ 组织宣传活动，收集所有与会者的反馈，以便下次改进。

◉ 开始跟进所有潜在客户。

◉ 确定这项工作的未来负责人。

你可能会觉得这项任务工作量很大，无法在一个季度内完成。如果确实如此，通常在调查研究阶段你就会发现这个问题，此时你应当立刻将问题提出，由增长实验室团队来决定是否应该把这项任务拆分到两个季度中完成。如果是这样，请重新定义各季度的任务内容，下一季度的某项任务可能会因此受到影响而被推迟，必须尽快确定新的任务节奏，毕竟这是公司增长的驱动力。

科学预估销售机会

理想状况下，公司的营业额是可以预测的。我合作过的大多数公司都有两类收入：一类是可预测的收入，比如，反复购买产生的、授权许可产生的或长期客户固定的收入；另一类是不可预测的收入，比如，临时发生的或按项目计的收入。

一方面，可预测的收入来自价格固定的合同，是长期的、反复性的工作。一旦与客户达成一致，就可以充分预测到一段时间内（可以是 1 年，也可以是 3 年）产生的收入。一般情况下，这类工作会设置很高的退出障碍。之所以这样做，不仅是出于合同约定，还可能是因为更换服务商的成本很高、同等水平的竞争对手少，或存在持续的市场压力或需求。此类工作你承接得越多，业务就会越稳定。业务 100% 可预测，只是理想境界，不太可能实现。几乎所有合同最终都要在某个时间点终止，所以你必须获得替代合同，获得新的收入。这使得预测获得替代合同的成功率变得极为重要。

另一方面，虽然临时性工作和短期的项目也很不错，但这些工作增加了长期规划中的不确定性，以及短期现金流的不可预测性，有时甚至会影响员工士气。通过出色的客户管理，利用客户满意度把临时客户转化为长期客户，把不可预测的收入转化为可预测的收入。尽管也有不少这样的情况出现，但这通常只占你所有客户关系中的极小一部分。如果无法预测未来，公司经营就会陷入些许被动，因为你无法提前做计划。如果你的客户无法提供你预见未来所需的全部信息，那么你就得另求他法。

最近的信息来源就是你的销售机会。可惜很少有公司所有者会费心利用销售职能来预测收入。一般说来，假如销售人员够多、打出去的销售电话够多，或者参加的提案够多，这些现象就足以让我们判断接下来会不会忙起来。在做决定时，我自己绝对是个相信直觉的人，但遇上不确定性因素时，我又超级爱用数据。而经营企业就是在管理不确定性。因为在你管理不确定性因素、开始收集相关数据时，不确定性就变成了风险。而风险是可以量化的。你可以根据风险做决策，但你若根据不确定性来做决策，就太愚蠢了。我在前文已介绍过如何利用贝叶斯推理来做风险决策。但是，如果你根本没有数据，那就无能为力了！

我们可以从客户关系营销系统（CRM）[①] 中开始搜集数据。

首先，如果你还没有客户关系营销系统，那么是时候去搭建一套了。对于一家 30 人的公司来说，可能需要 20 个小时才能把这个系统搭建起来。搭建该系统不仅包括整理好所有的电话号码、潜在客户、目标

---

① 我曾与客户关系营销先驱冯美琳合作，并担任过一家客户关系管理战略公司的 CEO，我知道有多种定义客户关系营销的方法。我在这里用它来表示由销售管理的客户关系营销软件。

客户、进行中的交易和客户等，还包括要弄明白如何使用，并确保这一系统与电子邮件、网站上的数据、直邮名单以及其他涉及销售的利益相关方进行关联。如果计划得当，可以把搭建客户关系营销系统的工作作为一项 Q0 任务，交由增长实验室团队中的某个人去完成。搭建系统的这段时间，可暂时使用一张电子表格来记录。

如果你已经有了一套客户关系营销系统，那么第二件要做的事情是找到一种方法，为挖掘潜在客户直至成交的每个阶段进行可能性评分。这当中可能包括许多步骤，从第一次接触到第一次对话、从发现需求到销售提案。对总的销售机会进行预测有个最简单的方法，那就是非常简单地附上一个成交的可能性分值：10%、50% 还是 90%。每个潜在客户的分数，都只能在这三个相差较大的分值里选出，这样做可以避免包括你在内的销售人员给出的分值偏差太大，高估了潜在客户交易成功的可能性，影响最终判断。

你还需要预估一下针对客户销售的过程结束的日期，并与实际结束日期进行比较，这样当交易结束时你可以逐渐提高预测的准确性。对了，还有一个提示：结束的意思既是"不成功"后终止，也是"成交"后结束销售过程。有些客户肯定不能与你成交，那就不要再保留他们的概率，不要继续让那些数字困扰你。我们在上文中谈到，如果客户现在不想要，那这些客户就不应当出现在你的销售机会系统中。当然，如果你知道他们将来什么时候会有"现在就想要"的想法，你可以暂时把他们从系统中删除，在适当的时候再添加回来。

附加了可能性数据后，你可以用可能性乘以每个潜在客户的潜在交易价值，得出一个加权值。汇总所有加权值后，可以得出当前销售机会的总价值。如果你对数值的准确度有信心，这个总价值可以用来估算未来的工作量，并预先规划所需资源。

为了提升你对这个数值的信心，你可以对上一阶段销售机会预测的准确性打个分，然后相应地调整这个公式。除非发生无法掌控的事件（这类事件应在 SWOT 表中进行跟踪，记入风险自检手册中，详见第 7 章内容），否则销售机会汇总之后的数值应该让你有足够的信心提前做业务规划。

有了数据，便能评估风险，并根据各种情况的发生概率做好规划。缺乏数据，你只能凭空猜测，猜测会导致"一时盛宴、一时饥荒"的不稳定局面，你只能采取被动的、防御型决策，长此以往，公司甚至会面临破产。

任务清单
SCALE AT SPEED

第一个月　调查研究

- 了解当前潜在客户的信息是如何记录保存的，是采用电子表格、电子邮件，还是采用客户关系营销系统？

- 按客户类型、潜在客户的来源或潜在客户的转化方法，对客户转化率进行评估。

- 研究客户关系营销系统是否适用于现有潜在客户的转化，做一两次测试。

第二个月　设计方案并测试

- 搭建选定的客户关系营销系统。

- 将客户关系营销与公司网站、电子邮件营销系统、销售人员的电子邮件账户以及联系人数据库进行整合。

- 添加过去 6 个月的潜在客户数据，为未来改进提供基准线。

第三个月　实施方案

- 添加当前所有潜在客户的信息，并用"10%、50%、90%"给每个潜在客户打分。

- 从现在开始，每月向增长实验室团队汇报一个销售机会总价值（所有潜在客户的交易价值乘以转换概率）。这样增长实验室团队就可以知道销售机会是在增长还是在收缩，并且久而久之，你还可以得到预测与现实的比率，以便提升销售机会的预测准确度。

基于价值和心理博弈赢得竞标

要是我们能只管接订单，那该多好啊！合适的客户知道我们可以提供他们想要的东西，直接上门来找我们，付钱，然后接受我们的产品或服务，岂不完美？这样的话，每一笔生意都是摇钱树。然而，哪怕公司总有客户找上门来，也需要积极主动一些。你的团队需要不断地发掘现有客户的新机会，开发新的客户资源。只有创新，才能生存。

在服务行业我们要准备提案、参加销售会议。提案是客户在进入谈判之前，对多家潜在供应商进行细致比较的一种手段，同时也是与潜在供应商保持适当联络的一种方式。我不喜欢为客户准备提案，原因很简单，如果你不能与客户一起讨论你带给他们的价值，那么赢得业务的机会必定非常渺茫，因为你不知道自己要与多少家公司竞争，你无法掌握时机，也无法影响讨论提案的过程。提案通常只让你比拼价格。像买卖商品那样竞价，可能是你试图避免的事情，除非你能通过某种手段，比如有效地控制供应链、自己生产制造产品、把产品生产外包给劳动力和材料成本更低的境外供应，才能使自己在价格上持续击败竞争对手。否则，把一份书面提案直接发送给客户，只会使你和竞争对手处于差不多的同水平竞争环境中。我经营自己的公司时，从不愿意参加同水平的竞争。

通过召开销售会议，客户会决定与哪家公司合作，通常客户会从 3～5 家供应商中进行挑选。此时，你已经完成了重要的前期工作，成功地让客户发现了你，并且客户自证想要你提供的东西。你已经缩小了竞争范围。此时就该拿下这个业务了。

竞标，是一项必须付出极高成本的工作。如果需要 4 个人一周的时间倾力投入才能赢得一个新客户，那就相当于付出了一个员工一个月的工资。如果每笔交易都能赢，倒还值得；如果赢的概率是 1/3，意味着一个人每年只能赢 4 场，那就不值得了。因此，要是能找到一种不用参加竞标就能赢得客户的方法，比如前文讲到的关于市场定位和潜在客户开发的那些方法，就一定要去寻找。那些不得不参加的竞标，如果你有能力，可以想办法让竞标流程本身向你倾斜，从而提高获胜的概率。

下文我们将重点介绍一种非常理性的、逻辑性强的销售方法，这种方法可以洞察隐藏的价值，让你成为客户的业务伙伴。之后，我们再来介绍非理性的销售方法，利用蜥蜴脑 [①] 达成交易。综合使用这两种方法，将产生极其强大的能量。

利用 SPIN 销售模式

要想以更高的价格出售产品或服务，就必须让客户明白产品的价值。有时候，人们不由自主地会把价值与级别联系起来，认为东西越贵，质量越好；知名度越高，就更值得信任，等等。

"越贵的东西越好"这种心态的形成过程极为漫长，通常经多年潜移默化而成。如果你要销售一种价格高昂的产品或服务，不太可能有时间说服尚未形成这种心态的人购买。多年前，我在经营一家后来获奖无数的网页设计公司时，悟到了这个道理。一个习惯于用降价 20% 的标签来为沙发做广告的客户，你根本无法让他明白精良的设计可以带来更多回报。这类客户要么已经明白价值比价格更重要，要么不相信这种说法，要么自以为是，觉得自己的观点已经过社会验证。买方早已对价值形成一些固有的认识和立场。

你需要找到一种方法，绕过这些先入为主的观念，深入了解客户真正看重的是什么，这样才能根据客户的真实需求推出解决方案，客户会

---

① 蜥蜴脑，心理学概念，指人脑中掌管与理性思考无关的部分。——译者注

立刻明白和意识到你能提供他们需要的价值，并用他们自己的方式表达出来。为了契合他们的情况、满足他们的需求，你需要想办法让他们明白地告诉你，什么东西对他们最有价值。否则，你得学会读心术才行。尽管了解客户需求是大多数销售人员的岗位计分卡上的一项要求，但现实情况是，作为公司的领导者，你需要成为公司主要的宣传者和销售人员，直到你聘请到与你心灵相通的人来接手，你才能卸下这份责任。

有一个方法为此提供了解决之道。这种方法源自尼尔·雷克汉姆（Neil Rackham）的 SPIN 销售模式，是所有勤奋努力的销售人员都要学习的一种销售方法，但对于非专业人士来说，这种模式有很多套话，很难掌握和实践。我会在这里展示一个简化版本，几乎可以用于所有场景。下面我先来设置一个场景。

A："起初，我们非常顺利。客户约我们会面，请我们介绍公司，看看是否合适。这次会议很精彩，我们的幻灯片非常令人震撼，会场的气氛也出奇地好。他们欣赏我们。我甚至还安排了竞标结束后和那个家伙一起去喝啤酒。"

B："所以，竞标时发生了什么？"

A："我们一如往常地出色，提出了一个计划来满足他们在项目说明中的要求。事实上，我们的计划大大超出了项目说明的要求，针对他们的问题提出了 3 个绝妙的解决方案。我们甚至还在竞标前几天主动与他们联系，确保我们的方案方向是对的。我让亚当对照着他们的项目说明一行一行地检查我们的提案，确保我们详细回应了他们的每项需求。"

B："然后呢？"

A："那天，我们走进会议室，上一次的那种和谐美好的气氛似乎消失了。客户那边还有几个人，这个我们倒是想到了，但是这几个人好像根本不记得我们之前相处得多么融洽。最后，客户告诉我们，他们觉得我们的方案肯定行，所以我满怀希望，但后来他们打电话告诉我，我们是第二名，离第一名就差一点点。'很抱歉，乔，我不知道是怎么回事。'"

这种场景是不是很熟悉？几乎所有我合作的伙伴都遇到过，包括早年我自己创办的公司。那么这种局面是如何出现的呢？到底哪里出了问题？

试想一下，现在有 3 家公司同时竞标。每家公司都派出了一个有魅力的领导或销售人员，所有代表公司去做介绍的人都光鲜亮丽、机智过人、风度翩翩。会议室里的每个人都尽力表现得讨人喜欢，气氛肯定很融洽。客户为 3 家公司营造了一个同水平竞争的环境。此时，你的赢面只有 1/3。

要记住，客户已经看过每家公司的基本介绍，看过你公司的网站、读过你起草的白皮书，查过一些案例，也四处打听过你公司的情况，甚至还与你公司的一两位客户交谈过。然而，你的销售人员在一个小时的会议里仅仅展现了自己的魅力，对客户讲了一堆他们已经知道的事情。客户一定烦透了。其中一个竞争公司的做法跟你公司的做法一模一样，而另外那家竞标公司的做法则有所不同。

假设这家做法不同的竞标公司的销售人员叫爱丽丝，她花了 5 分钟时间展现自己的魅力、与会议室里的每个人互动，向客户方的团队提出，如果对方没有了解过她们公司的业务范围和质量水准，就不会邀请她过来。所以，她没有花一个小时一张接一张地展示幻灯片，而是简单地告诉在场的人，她所在的公司最近为另一位客户创造了 100 万英镑的额外利润，但是，要帮助客户做到这一点，她必须问一些问题。于是，她开始向客户提问：

"您的项目说明书上要求我们将您门店的访客数量增加10%，具体是要增加多少人？"

"如果希望增加销售收入，10% 的增长大概是多少金额？"

"您目前的访客到买家的转化率是多少？"

"一个客户的终身价值是多少？"

"您业绩最好和最差的门店在客户转化率上有多大差距？"

"了解门店位于哪些位置易于提高转化率、哪些则不利于提高转化率，这一信息对您来说有价值吗？"

我先对这些问题做一下解释。爱丽丝提问的目的是要找出客户的价值，她的问题是想了解门店现在的收入情况，以及各门店不同的投资回报率。

- "您的项目说明书上要求我们将您门店的访客数量增加10%，具体是要增加多少人？"

这是个很宽泛的问题，它提供的信息可在后期用于设计更人性化的商业解决方案，使方案不再只有数字和百分比。尽管如此，答案中的数字很重要。

- "如果希望增加销售收入，10% 的增长大概是多少金额？"

这里我们会得到一个金额。依据这个金额，我们能算出每个访问者对应的营业额是多少，并据此计算出投资回报率。我们也能算出，如果以营业额为基准，客户需要我们帮他们完成多少营业额，这样可以通过比较客户提出的预算和要求的回报，估算出他们希望该项目达到的投资回报率是多少。

- "您目前的访客到买家的转化率是多少？"

这能反映每个买家对应的营业额。从中我们还能获知，如果关注那些访客转化率更高的门店，可以增加多少营业额。

- "一个客户的终身价值是多少？"

问题很简单，知道答案会有用。

- "您业绩最好和最差的门店在访客转化率上有多大差距？"

这是为了了解有多大机会能找出投资回报率最高的门店。如果深入挖掘，说不定还能拿到确切的数据。

- "了解门店位于哪些位置易于提高转化率，哪些则不利于提高转化率，这一信息对您来说有价值吗？"

分析到这里，我们的销售策略开始清晰：我们希望为客户创造价值，而不只是关注客流量。爱丽丝正在做的是展示客户会觉得有价值的东西。

这样提问的目的是得出可量化的答案。这些问题要么互相关联，要么能获得更多信息。然后，用这些答案计算出客户所需服务的价值，既能算出短期内能创造出来的价值，也可以估算出更长远的或处于更复杂环境下的收益。顺便说一句，最开始的那一两个问题，你可以事先通过背景调查找出答案，并在提问时再向客户确认你的理解是否正确，然后继续引出后面的问题。

为什么要向客户提问？因为供应商收到的项目说明书，是一长串决策的结果，信息经一层一层传达逐渐压缩，直到最终形成一封发到你办公室的电子邮件和项目说明书。因此，为了向客户提供项目说明书中可能隐含的所有价值，你需要逐步向价值链上游探索。理想状况下，项目说明书中有类似"节省 2 000 万美元的成本会对您公司的股价产生什么影响"的问题，这样的问题可能超出了你的业务领域，也远远超出了客户方决策者的工作范畴，但这就是 CEO 最终真正寻找的东西。

所以你必须向客户提问。问题 1= 答案 1= 价值 1；问题 2= 答案 2= 价值 2，依此类推。最后，爱丽丝可以带着这些答案回到自己的公司。

这便是竞标中各公司的根本区别所在。爱丽丝的团队不仅在思考你公司的销售人员和其他竞争对手关注的答案 1，还在考虑价值 1、价值 2、价值 3、价值 4 和价值 5。事实上，爱丽丝的团队已经有了个想法，如果推出一个性价比高的销售培训计划，访客转化率可能会翻倍。而且，依据其他题目的答案可以算出，只需投入 2% 的培训成本，最终整个项目的总体效益可增加一倍，即收益增长到 20%。这样的结果，与你公司的销售人员所能承诺的结果相比，可谓大不相同。

询问一个数字会牵扯出更多的数字，而询问无形信息的结果正好相反，往往会因为客户团队成员的个人目标不同而进入死胡同。但是，生意终归是生意，我们应当关注生意本身。一些销售工具也用到了心理学，我会在下文进行介绍。

从这些数字中，你能获得洞察；有了洞察，你就能形成解决方案。方案不能只关注某个单一维度的需求，还要考虑到客户的整体业务需求。你要做的事情就是向客户指出实施这个项目能带来什么好处。这才是竞标。

投标那天，爱丽丝介绍了这些数字及数字背后的意义，以及如果那些问题得到解决能带来的财务结果。她向客户展示的是她的方案最终会创造18%的收益（培训成本计算在内），而不仅仅是增加10%的客流量；是一旦客户被转化，通过关注客户终身价值还可以进一步提高收益率；是通过把预算重点分配到最有可能增长的细分市场和门店，客户可以节省资金，并将资金用在能够产生最大投资回报的领域。她甚至还说，如果要开新店，店址的选择应该参考那些业务容易扩张的门店，而不是扩张困难的门店。

最后她用一个数字结束了她的演示，一个大大的百万数字，这是她的方案可以创造的总价值。爱丽丝的展示体现出她很清楚这次项目一旦失误会有怎样的后果，以及成功之后会收获怎样的回报。她深刻理解了客户的业务需求，而不只是项目说明书提出的要求。

客户对你说，你公司的竞标结果仅次于爱丽丝所在的公司。我们都知道，客户这样说是出于礼貌，每个竞标失败的公司都会被告知排名第二，接近第一名，但其实差得很远。因为你们根本不在同一个赛场上。

有意思的是，这种方法几乎适用于所有行业的销售工作，例如制造业：

> "您的建议征询书（RFP）中规定轴承的最小寿命为 X，这个要求背后的原因是什么？"
>
> "所以，轴承的生命周期必须至少为两年。更换这个系统中的轴承会产生多少成本？"
>
> "每停机一个小时，未使用的劳动力成本是多少？"
>
> "生产损失的成本是多少？"
>
> "有没有其他间接成本，比如运输延误的成本？"

上述有关制造业的案例中，你不用写一份提案来向客户介绍你的轴承的精确规格、供应速度和费用，而是向客户解释为什么稍微贵一点的轴承最终会为公司节省数百万的收入损失和机会成本。你还可以额外提供维护或遥测服务，这样做既为公司增加了一笔可观的收入，也能帮客户节省时间、提供便利，还实实在在省了钱。所以说，这种销售方法关注的是价值，而不是价格。

自从将这种竞标方式用于实践后，我便发现它实在厉害。一方面，提问很容易，特别是在接受过一些辅导培训之后；另一方面，只要你认真准备问题，你就能得到极其有用的数据。积累了一些经验后，你很容易就能提出与潜在客户及现有客户切实相关的问题，尤其是那些已经与你开展合作的客户，他们可以给你提供很多参考。假设你第一次见潜在客户，那么，在与他们见面之前你要对他们的情况有所了解，还要提前准备好一些问题，这绝不是浪费时间。

我把这个方法介绍给一些公司，很快他们都不再使用传统的公司介绍方法，就是那种冗长的"我们是谁"之类的标准幻灯片。我也已经10年没用过这种介绍公司的方式了。见客户时，我只是简单自我介绍一下，向客户说明我会通过提问获取信息，然后就开始发问。与我合作过的初创公司、咨询公司、广告公司及科技公司，综合运用强大的市场定位和基于价值的销售手段，赢得了70%的竞标。

这种方法在另一个场景中也能发挥积极的作用。你可以在处理现有的客户关系时运用这种提问法，你们的对话将在处理后续的关系时创造价值。提前做些信息挖掘工作，深思熟虑后向客户提问，如果出现某种情况会怎么样。这种对话任何人都可以发起，产品经理、项目经理，或是客户专员都可以。发展客户关系时，通过这种提问法获得的信息，会让你发掘出客户真正的风险。然后你再主动提出防患于未然的建议，建议如何省钱、如何赚钱的方法，让自己成为客户难以替代的商业伙伴，而不只是他们随时可以替代的供应商。这个过程还会提高客户的终身价值。因为失去老客户而不得不寻找新的客户或参加竞标的次数也减少了，你也可以专注于推动那些更有利可图、实现更快速增长的项目。

最后，常用这种方法与客户交流，双方形成默契后，你可以向客户索取一些超乎寻常的深度结果数据，以便监测所提供服务的效果以及影响。同时，这些结果也可以用来吸引其他类似的客户。你的竞争对手一定想不明白，你是如何利用一份简洁的项目说明书收获如此成果的。

掌握销售中的心理学

从上文中我们看到了，一次竞标或一份提案如何能让你在竞争中脱颖而出。然而，经常会遇到的情况是，无论你在竞标中表现得多好，就是不能成交。无论你的内容有多好，总有几个常见的阻碍企业赢得客户的因素，我想就此谈一谈。

在这些因素中，有一种东西一而再、再而三地出现，那就是信心。

你去参加销售会议，准备得很充分，也提前多次排练过，但面对客户时，你始终感觉惴惴不安。注意，我在这里提到了排练，但是很多公司所有者从不事先排练，因为他们相信自己可以现场发挥得很好。你有没有过这样的经历，有人问你服务过哪些客户，你的脑子却突然一片空白？这就跟你缺少排练有关。

信不信由你，许多买家都接受过训练，故意把潜在供应商置于被动的守势。尽管这种做法不太地道，但只有买家占了上风，才能在成本上打压你。以下是潜在买家扰乱潜在供应商（就是你）心神的一些手段：

- 接待时故意冷落你。
- 让你在一个巨大的、让人异常不舒服的接待室里等候。
- 让你坐在特别低的椅子上等候，你要费点力才能站起来。
- 让你在会议开始前等上一段时间，即使你准时到达了。
- 让你进入会议室后坐在会议桌靠门的这一侧，像是在接受面试。

- 高层决策者故意迟到，催促你加快速度，或者更糟糕的情况是，告诉你会议只有原先一半的时间。
- 在最后一刻告诉你，很多竞争对手都愿意提供更好的价格。

上述情景是不是特别熟悉？这些都是买家的计策，为的是让你认为必须竞买这份订单，这就使得双方关系的重心、所有的定价权都偏向了他们那一边。在生意场上，这就是所谓的恐惧政治在作祟。

常用的应对之策，就是记住"他们也是一次只能穿一条裤腿的普通人"。遇到这种情况，我更喜欢教条主义，而不是什么实用主义。我的建议是，你必须记住，他们需要你如同你需要他们一样。

除非不得已，否则他们不会组织竞标以挑选新的供应商。如果他们目前的供应商很好，他们不会想换掉；如果他们觉得供应商的产品或服务物有所值，他们不会想换掉；如果不是万不得已，他们不会想换供应商。他们的"不得已"就是你的机会。

有个笑话很经典，讲的是两个男人出去打猎，惊动了一头熊，熊开始追他们。"完了完了，"其中一个人说，"我们跑不过熊的！"

"我不必跑过熊，"另一个人一边喊，一边往前冲，"我只要跑得比你快就行了！"

你的竞争对象不是身为潜在客户的买家，你只要用你提供的价值超越竞争对手就行了。也就是说，你不用理会客户试图通过打击你的信心以获得某些无用优势的举动。你的任务是把竞争对手甩在后面，以客户合作伙伴的身份出现在竞争对手面前。

　　一旦你退缩，就没有了回头路。因此，一旦有人开始玩权力游戏，要么直接放弃，要么与他们正面交锋。如果首席决策者最后一刻通知你他无法参加会议，那你就请对方重新安排时间。多跑几趟，总比失去通过谈判获取更优价格的机会要好得多。一旦失去谈判优势，你就会永远受制于人，不管是他们想让你放下手头所有工作，通宵达旦为其提供某样东西，还是压低你的价格，哪怕是牺牲其他客户的满意度和利益，你也只能满足他们的要求。

　　我们讨论过客户与你合作能收获的价值。一切问题的核心在于每个人都有相对来说公平的价值。你和潜在客户拥有同样多的价值，你希望用你的服务或产品创造的价值，与他们提供的现金价值进行公平的等量交换。请牢记这一点：你能比竞争对手提供更多价值，你对于客户的价值等于他们给你的预算。

　　带着这样的思维方式进入每一个销售场景，你就可以与客户展开成熟的对话，讨论各方需求，以及如何匹配可用资金。如果你打算提出什么"额外的附加值"，这条路必定行不通，因为如果谈判桌上的双方真正拥有等价资本，那么你肯定也会期望客户给予额外的回报。

　　这就引出了高定价这个问题。如果你的价值主张、产品或服务真的令你的公司形成差异化竞争优势，那么你就能要求获得更高的价格。如果你能真正展示更大的价值，并且高端产品或服务也有市场，那你也会获得更高的价格。根据我自己的经验，价格越高，潜在客户越可能认为你物有所值。很多关于定价策略的研究发现，一般情况下，如果你的收费是别人的两倍，人们会认为你必定格外出众。你收取的费用越高，客户就会越重视他们收到的服务或产品；他们越重视，就会越欣赏你的公司，越会努力平衡双方关系，而不是盛气凌人，最终导致单方面的不满甚至合作失败。

记住，你和你的潜在客户一样重要、必要且有价值。有了这样的信念，你会发现整个合作过程变得更轻松，也不再消磨心神了。你的销售人员会更开心，你也会越来越有信心，赢得更多客户。当你把自己打造成极具魅力的珍宝，客户就会爱上你。这里还有一些心理学技巧，也可能有用：

- 人类的行为首先受恐惧心理的支配。因此，你的提案首先应该考虑到客户可能有的担忧。下一章将对此进行详细介绍。
- 我们天生就喜欢追逐那些离我们而去的东西。如果有一个硬性的最后期限，并且这个最后期限由市场或某种外部力量施与，那么任何一次销售行动都会更容易结束，或成交，或终止。说实话，大家都知道最后期限是个幌子，就像有的商家爱说"最后 3 天"一样，尽管你心知肚明，但它依然奏效，因为你会予以重视。
- 我们天生就想要那些求而不得的东西。"我们有这种产品，但不知道您有没有足够的资金"，这样的销售说辞令人意外地奏效。

最后，销售时最重要的一点：不要害怕把价格告诉你的潜在客户，去给客户做演示，向客户介绍你的产品或服务的价值。如果价值高于你的价格，无需多言，客户很容易决定；如果价值与价格相等，公平交易；如果价格高于价值，你有可能失去这个机会。这也是常识。无论你是在争取一个大型咨询项目，还是在建造一条高速公路，哪怕只是在卖一根玛氏巧克力棒，它都普遍适用。因此，只有当你自己都不相信你的产品价值时，才会顾虑价格问题。

如果你完全不担心你的价格，那便可以直接说出来。在竞标时，我最喜欢做的事是先告诉潜在客户我们此次会议要解决什么问题，以及解决方案的价格。然后我们才开始详细介绍。

"很高兴今天来到这里。我们已经做了大量工作，思考如何帮助您解决问题。我们提出了一个需要花费 10 万英镑的方案，以满足未来 3 年您的需求，还将为您省下 200 万英镑。我来解释一下可以吗？"

像这样会议一开始时你就把价格问题抛出来。不用去想"假如他们问价格，说明他们有意购买"，这纯属瞎说。正如汽车销售中心的每辆车上都标有价格一样，竞标时也要先标上价格，再讨论方案的价值。要么值，要么不值。如果他们一开始就买不起，那就不要卖给他们，不要再浪费彼此的时间。前文关于潜在客户开发的相关内容中，我们讨论过潜在客户的自证，此处就像是一种镜像，你给了他认识自我、判定自己不适合的机会。再说一遍，这是关于如何满足客户特定需求的平等讨论，不要浪费别人的宝贵时间，这是人们早有的共识。

换位思考，站在招标商的角度看问题

向董事级别的客户团队直接销售专业服务，我干了 22 年，总价值超过 2 000 万英镑。要取得这样的成绩，通常需要一支由供应商方面的人员组成的准备充分的团队，他们有出色的系统化竞标程序、令人敬畏的创意以及打破竞争的秘诀。

我的团队很不错，通常也是业内最好的团队。他们训练有素、关系融洽，知道如何与采购团队建立起融洽的关系，还接受过一些最好的销售培训。我喜欢同他们一起参与竞标，喜欢肾上腺素带来的刺激和胜利的感觉。

不过，当我从创始人和 CEO 的身份退下来后，我才体验到以客户身份组织竞标的感受。我与董事级别的同事坐在桌子的另一侧，一群供应商排着长队，用几天时间来竞争，都希望赢得我们的业务。当时，我被聘为这家投资公司的顾问，评估其市场营销工作。我花 3 个月的时间制定了新的营销策略，其中，我的大部分时间都花在了帮助高层团队快速掌握市场营销的最佳实践上。我提出的一些数字看起来完全合理，很快就到了需要选择几个新供应商的时候，包括一家网页设计公司、一个品牌管理公司、一家内容营销机构、一家媒体战略咨询公司和一家客户关系营销供应商。我们组织了一场竞标，并选择了一些供应商，向他们介绍了情况，并安排了几个竞标的日子。

令我震惊的事情发生了。我制定营销战略的经验长达 25 年，服务过宝洁、联合利华、玛氏、索尼以及维珍旗下的多个品牌。对于市场战略，我的自信从来不是问题。然而，竞标第一天，走进大会议室，我发现自己竟然很害怕。我被原始蜥蜴脑牢牢控制，十分忐忑。

我对这一过程做了个总结。我意外地深受影响的原因是：我很担心供应商会在团队面前让我难堪，而我花了 3 个月的时间让他们相信新战略势在必行，还说服他们拿出 100 万英镑来执行。

竞标开始，这是个关键时刻。当天，我与所有同事、老板同坐在会议桌的一侧，聆听供应商介绍他们将如何提供我们所要求的产品。我担心的是，某一个或几个人会表现得很蠢，导致其他人怀疑我的判断，或者直接对团队说项目说明书的信息是错误的，他们有更好的解决方案，这样会让我看起来很蠢。由于我已经让同事们签字确认了我的方案，他们一致同意这是正确做法。如果出现上述的意外状况，将会带来灾难性影响。

对我来说这是一个全新的体验。我曾是一名经验丰富且成功的竞标人，现在我第一次明白了招标方的感受。

作为客户，我希望每个供应商告诉我们，他们将如何比竞争对手更好地交付我们要求的产品，而不是告诉我们，我们的要求是错误的。如果他们想出了一个更好的主意，我希望他们在竞标前可以和我好好谈谈，这样我就可以快速驳倒其中错误的想法，或者确保提案可以在团队其他人的努力下落地。如果你确实有个更好的主意，那很好，我来帮你让它通过，但是，请你一定不要在任何情况下拖我的后腿，或者在我的同事面前让我难堪。

我发现，我的本能和不受控制的情绪会影响我的决策，这很让人意外。这一发现也让我开始重新对竞标和销售方法进行评估。我最终找到了一本书，奥伦·克拉夫（Oren Klaff）的《说服的艺术》（*Pitch Anything*），它主要介绍了如何利用蜥蜴脑来设计竞标的方法，并最终赢得竞标。我认为这是我读过的最好的有关销售主题的书，因为它谈的不是销售过程，而是驱动决策的动机。

　　在我帮助制定的几乎所有 2 年 3 倍增长法路线图中，销售培训都是一项关键的组成部分。销售培训的方式是由一家优秀的销售培训公司提供历时几周或几个月的系列培训，还是由一位经验丰富的非执行董事或内部销售培训师主持一次研讨会，并不重要。重要的是，培训应当定期举行，负责市场销售和新业务的团队，客户经理，负责对现有客户进行重复销售、交叉销售和追加销售的人员，负责处理客户投诉的人员等都要参加。开展销售培训，最好是和增长实验室团队一起。

2 年 3 倍增长法的要领

- 持续同时开展与开发潜在客户、客户服务相关的工作，可以降低公司的生存风险。

- 你的价值主张必须专一，这样才会令你的公司从竞争中脱颖而出，让人难忘，并与客户的世界观产生共鸣。

- 通过传授你的业务技能来接触新客户。这将确立你在他们心中的专业形象。

- 销售的价值在于，找出你的产品或服务能带来什么样的积极贡献，以及能节省多少金钱、时间、精力。关注价值，摆脱商品化竞价的陷阱，并创造机会向现有客户销售更多业务。

SCALE

AT SPEED

第 **6** 章

维度 4，财务增长的稳健规划

想要确保财务的稳定和安全，必须开展能带来现金的

业务，同时要对坏账防患于未然。

确保财务的稳定与安全

　　你应该不会用漏水的桶接水。经营企业也一样，如果企业不能盈利、不稳定，无法抵御风暴，那么所有销售工作最终都将毫无意义。本章我们来谈谈企业经营的基本原则，之后我们还会在第 8 章中介绍如何向增长实验室团队传授这些企业管理的基础知识。

　　在很长一段时间里，我对财务一无所知，甚至我最初创立的几家公司里也没人懂财务。后来有个竞争对手跟我说起电子试算表，我一下子醍醐灌顶。于是，我自己设计了一份现金流试算表。这个表我用了很多年，表上用很多颜色做了标记，看起来不仅漂亮，而且一目了然，方便我追踪数据。这个工具一次又一次地帮助了我，因为它能够模拟即将出现的现金流问题。当同时需要支付多笔款项时，我可以妥善处理，成功应对某些突发状况，比如，失去一个大客户、有客户没付款，或我们因必须迁址而急需一大笔押金。不过，我并没有意识到仅仅掌握现金流是不够的。如果我能想明白如何盈利，现金流就不成问题，我也不必如此担忧了。

有一位财务总监非常耐心，他也是我一家公司的最终投资人，是他教会了我如何使用损益表，如何读懂资产负债。掌握了这些，我如虎添翼，自此才开始了真正的管理生涯。如果我懂点财务基础知识，可能早就取得了更大的成功，我可能也不会写出这本书了。以前我总觉得自己忙着改变世界，从没想过要在我众多的目标中增加一个财务指标。

或许你也肩负太多职责，不同事项分散了你的注意力。在无法预知的某个时刻，来自外部的竞争还会带给你更大的压力。而优秀的财务管理可以带来丰厚的利润、强劲的现金流、充足的现金储备，还有稳定与安全。那么，该如何创造这种稳定与安全呢？

客户喜欢经历过大风大浪的合作者。我指的不是那些工作年头很久的人，而是那些经营得出色的公司，那些基业长青的公司，那些历经变化，在不可预测的经济环境及快速变化的消费环境中起起伏伏而处变不惊的公司。

客户希望知道也需要知道供应商保持着良好的运营状态。为什么？因为更换供应商的成本很高。一旦合作失败，客户便无法正常运营，会大大影响价值创造。举办竞标会需要占用管理层一些宝贵的时间，而建立一段新的合作关系意味着可能数月后销售额才能回升。一个关键供应商签约后却突然倒闭，这种情况给其客户带来的风险，没有多少人愿意承担。

优秀的公司必须有良好的资产负债表，这样才能为公司提供强大的安全保障。公司有良好的资产负债表，主管们才能拥有一定的灵活性，敢于与捉摸不透的客户合作，接下一些紧急项目，或者根据客户需求踏入全新领域，才能应对销售出现短暂停滞的情况，才能在机会来临时当机立断招纳杰出人才。公司有良好的资产负债表，你才有能力谋划、兼并其他企业，尤其在经济环境艰难时，你的竞争对手会因为缺乏资源无法灵活应对，只能苦苦挣扎。稳健的资产负债表能赋予一个公司真正强大的力量。

具体来说，稳健的资产负债表意味着你在银行拥有足够的资金，数额至少是一个月总经营成本（人力成本和日常管理费用的总和）的 3 倍。在新冠疫情暴发之前，每月总经营成本一般只需将少量资金计入贷方账目就足够了，但现在客户很可能受疫情影响而突然停止付款，而公司又急需储备金，数额就要有所调整。

因此，公司必须开展能带来现金的业务。你要实现一年 20% 的净利润目标，就必须保证公司的银行账户里至少有 3 个月的运营成本，且公司业务发展足够稳定。通过这样的方式，公司可以不断积累储备金，以备未来增长之需。

实现 20% 的净利润目标需要决心。引用艾森伯格兄弟在《亚马逊成功之道》（*Be Like Amazon*）一书中的话："这很简单，但并不容易。"但是，只要实现上述改变，继续做下去就容易多了。

你知道吗？当你去努力实现这个目标时，客户也会希望与你合作，因为你有决心，且对所做的事情怀有远见和坚定信念。遇到困难时，你有力量、有韧性；客户需要出谋划策时，你灵活应对、反应迅速；你帮助团队树立信心；面对竞争，你可以无所畏惧、勇往直前。

构建完善的预防体系，从源头杜绝坏账

以前，我经营的公司总是勉强维持运转，盈收仅够公司的日常开销。我希望你跟我遇到的情况不一样，不过很有可能你也是这样的。我经常不知道公司是否有足够的现金来支付月底的账单和员工工资。发薪水时，我和我的合伙人作为公司创始人当然总是排到最后，甚至我们有时要自掏腰包给员工发工资。

毋庸置疑，我痛恨那种状况。此刻，当我写下这段文字时，回想曾经的那段经历，我仍感到焦虑和不满。顺便提一句，人的压力大多来自你无法控制的情况。我当初缺乏经验，生意上要面对的压力大多是我无力控制的。我猜你的压力也来自同样的事情，比如员工毫无征兆地提出辞职、客户的行为捉摸不透、服务器崩溃、供应商掉链子、急需开发新客户时却没有足够的竞标机会、一次次被竞争对手打败，等等。

然而，我在书中一直强调，对于大多数问题，你要学会主动控制，不要被动应付。你不能随遇而安，直到问题发生才去解决。哪怕你是解决问题的高手或是最优秀的危机管理专家，也要防患于未然，尽早剜掉症结的源头，除去令你寝食难安的罪魁祸首。你要把公司变成理想的工作场所，在这里，每个人的价值观都是一致的，大家的工作成果也令人满意。为实现这一目标，你需要观察客户的态度、监测客户的满意度，提前发掘他们的价值需求，从而预测客户的未来需求；你需要仔细检查员工和供应商的状态，尽可能减少供应商掉链子带来的风险；你还需要持续追踪潜在客户的销售机会，积极主动、先发制人，避免陷入新业务不足的困境。

最近，我们公司的网络服务器竟然在一个紧要关头宕机了。出现这种意外状况，根本无计可施，唯一能做的事情是保持平静，实事求是地去做好风险自检（后文会详细说明）。除此之外，其他情况基本都是可以避免的，只要你构建起完善的预防体系。

预防性原则也同样适用于现金催收、客户信用管理。信用管理听起来像是个专业术语，但意思很明确，恰如其字面意义，它是指：如果客户不预先付款，像在商店或通过电商平台购物一样先取货、后结账，你就必须控制好给客户的信用额度。我们经常忘记，我们是因为相信客户有信用才允许他们先使用服务的。我们为他们提供服务，是因为相信他们享受完服务后一定会付款。无论你是开了一家广告公司、一家餐馆，还是当一名清洁工或出租车司机，背后的逻辑都一样。我们先交货，然后才获得报酬，因为我们假设客户是值得信赖的。

出于上述考虑，为了留下良好的信用记录，客户必须按时付款。从逻辑上讲，如果客户付款不及时，说明他们不太值得信任。

仔细想想这种情况。如果对方付款晚了一个月，那就意味着这一个月你都无法用这笔钱来维持公司经营。这就相当于你把钱无偿借给了一个欠了债不及时还的人！

如果你给客户提供 30 天的信用期限，结果这笔款项平均 60 天后才汇入你的银行账户，这就相当于这部分营业额是不受你支配的。假如你的总营业额是 300 万，还有一位客户未回款，但你给这位客户提供 30 天的信用期限，他应付的款项占你总营业额的约 8.3%，这就意味着你的银行账户里少了 25 万，这可能相当于你的安全保障资金的 1/3。你可以把这 25 万花在市场营销和客户开发上，或者收购一家重要的供应商，或者把这些钱作为启动资金进入新的业务领域。这可是一大笔钱，你却把它放在无礼的客户的银行账户里，帮他们挣利息，而在对方 CEO 的眼中，这笔钱甚至连误差都算不上。

要是你在商店买东西没去收银台结账，或者下了出租车却没付钱，除非你已经提前付了款，否则那家店的老板不会再让你进店购物，那个出租车司机也不会让你上车。既然如此，为什么要容忍你的客户轻慢你？我们都忘了，这不过是一种很简单的交易方式：拿钱来交换等值的东西。双方要遵循的规则也很简单：在约定好的信用期限内结款。

我们还要注意的是，你不比客户低一等，双方的交易是平等的，大家都希望进行等价交换。这一点我们在讨论销售技巧时就已讨论过。

然而，很多客户会拖延付款。不要容忍这种无礼行为的发生，一旦发生，你就很难妥善解决。因此，如同克服其他影响快速增长的障碍一样，你必须先发制人。为避免客户拖延付款，以下是几个非常简单的应对方案：

1. 与客户签合同时，请事先用粗体突出强调信用条款。如果他们想与你磋商，且你也愿意，双方就要将付款周期讨论清楚。不要拖到你的发薪日，才去恳求他们结清未付账款。
2. 标明未按时付款的处罚标准，包括滞纳金、利息和收款手续费。列出这些特定成本。如果客户打算遵守第一点的约定，按时付款，那么他们应该会很爽快地签署此协议。否则，请客户说明原因，如有必要可重新协商付款期限。

3. 临开发票时，向客户的业务部门发出一张预开的发票，告知他们会在某个日期收到正式发票，同时提醒对方双方合同约定的付款期限。

4. 开具的所有发票上都要标明付款期限，并用粗体标出合同签署人。

5. 开具的所有发票上，都要标明逾期付款的处罚标准。

6. 在开具发票的当日，让你的业务部门致电对方的业务部门，告知对方你们会通过电子邮件发出一张发票，请对方收到发票后回复邮件，或者设置电子邮件程序回执功能，确认对方收到电子邮件并下载了发票。最好是使用类似 Xero[①] 的会计软件，能看到收件人实际收到发票的确切时间。

7. 在付款期限截止前 7 日，向客户发送电子邮件，提醒他们付款期限将到，并询问对方能否按时付款。提前解决可能出现的任何问题，不要等到客户未及时付款才处理。

8. 收到款项后，请业务部门致电或写邮件给对方的业务部门表示感谢，友善和礼貌总是好的。

　　最要紧的是，请记住，对方的业务部门可能一直被人追着催缴逾期账款。善意地提前提醒他们什么时候需要做什么，会让他们感觉方便又轻松。这样到了付款日，在那一大沓的账单里，客户有可能优先处理你的款项。

　　有效的信用控制和管理有助于达成公司财务的一项 KPI：平均应收账款天数，即你开具发票后至款项进入银行账户之间的天数。这个 KPI

---

① Xero 是一款偏向云端的会计软件，它支持多种货币的使用，可以轻松处理跨国经营中的财务和支付事宜。——编者注

指的是所有应收账款到账时间的平均值。付款期限应定为最多 30 天，理想情况是 7 天，我的咨询公司就只提供 7 天的付款周期。如果 60 天才到账，你就少了一个月的可支配现金，会让你更被动。这项 KPI 可用于管理负责信用管理的员工，也应该成为其岗位计分卡的一项内容。

设计战略蓝图的财务板块

战略蓝图中，财务板块可能看起来最有战略性。有时候，为了实现公司的战略目标，完成这个板块的工作十分关键，除此之外，其他方面也没有多么艰深复杂，同其他板块一样，关键任务也只是服务于实现更远大目标的任务和项目而已。图 6-1 是财务板块的示例。

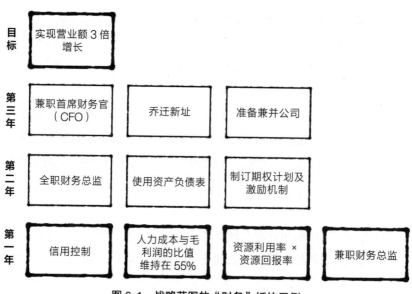

图 6-1　战略蓝图的"财务"板块示例

把财务目标按年分解，形成各年度的年终目标是很有用的。第三年的目标是主要的财务目标，或许应该再加上实现主要目标的一些数字。例如，如果主要目标是实现 300 万净利润，占营业额的 20%，那就还要留意为达成净利润目标，需要获得的毛利总额或毛利率。第二年的目标可以设定为第一年与第三年目标差距的 2/3，第一年的目标就是今年的目标。

分解财务目标后，为无机增长①铺路的重要基石也将显现。我们的一位客户希望在第一年筹集到近 100 万美元用于战略收购，并确定了 4 家目标公司。到了第二年，他们的目标是收购两个国家的 3 家公司，并寻找继续扩大利润最丰厚的业务的机会，希望第三年在这两个国家再分别收购一家公司。

我们不难看出，面对一个雄心勃勃的财务目标，通过有机扩张无法做到时，只能进行并购。然而，并购是一项全新的商业活动，需要对员工进行新业务培训，帮助员工获得新技能，或是招聘有这项新技能的新员工，还需要奔波于各地开展调研、融资，推行新的管理模式。这给其他业务领域带来的影响是显而易见的，反之亦然。因为这可能意味着，就像我们的客户一样，CEO 不再参与公司现有的日常管理，必须提拔二把手，而 CEO 自己要承担别的责任，需要另外制定一份路线图。

关注财务问题意味着你还要关注可能出现的资源需求，尤其是在第二年及之后。随着公司建立起稳健的业务流程，各部门实现全方位发

---

① 无机增长指的是企业通过人为干预而取得的增长，比如企业通过大规模的并购、广告促销、大幅降价等手段来增加销量。——编者注

展，整个公司业绩增长迅速，财务管理必须得到更多重视。这里的财务管理可能包括用于信用控制、账目管理、财务控制的专项资源，以及用于引进经验丰富的财务总监或 CFO 等人才的投入，尤其是在酝酿并购活动或进军新领域时，这类投入会更多。

同样，上述这些举措有的属于财务板块，有的是财务板块的目标衍生出来的相关任务，第一年中前三项任务的成果是向增长实验室汇报的重要内容。

我强烈建议，公司所有者都要外聘一位在你所属行业有直接经验的财务顾问，并请他调查公司财务数据的收集和汇报方式。你一定会由此发现原来的财务管理方式有进一步优化的空间。另外，如果你的财务人员是在企业内部成长起来的，之前几乎没有高层管理的经验，你还会发现原来有更简单的方法来管理财务事项。

本章其余部分主要介绍两个关键指标，这两个指标构成了任何希望增长的公司的两大核心 KPI："人力成本与毛利润的比值"以及"资源利用率 × 资源回报率 = 工作效率"。

追踪两大关键财务指标

人力成本与毛利率的比值

图 6-1 中有一个值得注意的数据——人力成本与毛利润的比值为 55%。其中人力成本包括奖金、股息、税费、社保等。

这个比值是个很神奇的数字。在我看来，这是最重要的一个 KPI。为什么？因为它是组织健康状况的"晴雨表"，是员工幸福感和客户满意度的"提示器"。这个比值对服务行业普遍适用，在其他行业中，这一比值可能有所不同，你需要确定最适合自己行业的比值。在这里，我先以 55% 的比值为例进行详细解释。

首先，假设公司把日常开支控制在毛利润的 25% 左右，当人力成本与毛利润的比值是 55% 时，差不多能保证 20% 的净利润。如果你公司的工位是租的，这可能是一项极其大的开销，会让租金这项支出在短期内不会波动太大。但与日常开支不同的是，人力成本很灵活。换句话说，如果员工数量对于业务量来说过多，可以减少员工；如果公司拿到很多业务，又可以雇用更多员工。虽然事情的发展肯定会有延迟，但发展的规律基本上是这样。正如上文所说，20% 的净利润可以为我们提供足够的缓冲资金，为我们扩大规模创造空间。

其次，55% 这个比值可以用来衡量员工的工作状态。假设我们正确估算了资源利用率，即一名员工为客户付费的工作所花费的工时数，以及资源回报率，即客户实际为多少已用工时付了费。那么，根据人力成本与毛利润的比值在 55% 上下变化的规律，可以看出我们是否面临以下问题：

1. 员工人数过多或过少。
2. 员工工资过高或过低。
3. 客户收费过高或过低。
4. 客户服务过度或不足。

有了这些信息，你便能明白需要在招聘、薪酬、服务定价或者资源分配等方面做出怎样的改变，还能快速为整个公司的工作氛围"把脉"。如果这个比值下降到 52%，你会发现员工需要连续一个月每天工作 10 小时，那你就要对大家的辛苦表达谢意，比如，组织大家好好玩一晚、发些奖金、允许大家调休几天，等等。当然，你还应该及时调整人员的配备情况，不要让这种状态持续太久。

相反，如果这个比值上升到 60%，这可能意味着员工的工作量不够，员工太多，或者客户服务不充分。人一游手好闲就可能惹麻烦，而服务不充分或收费过高，就会失去客户。

为了让公司快速步入正轨，可设置一项季度性任务，包括提供 KPI 和汇报体系，以及为未来的资源管理提供一个简单的行动计划。

任务清单
SCALE AT SPEED

第一个月　调查研究

- 算出当前人力成本与毛利润的比值。

- 观察该比值与公司的状态是否存在某种关联。公司的状态包括目前公司员工的繁忙程度、客户服务是否过多或不足，还有员工的士气如何。

- 观察公司的上述状态与外包给自由职业者或临时员工的工作量之间是否存在关联。

- 观察公司的上述状态与客户满意度之间是否存在关联。

第二个月　设计方案并测试

⦿ 制订一项行动计划，将人力成本与毛利润的比值恢复到 55% 或适合你公司情况的数值。

⦿ 采取一些手段监控内外部资源的使用比例，以便更好地平衡内外部资源，使之达到合适的比例。

第三个月　实施方案

⦿ 实施计划。

⦿ 如有必要，将计划告知员工和客户，以获得缓冲空间。

　　这项任务涉及如何监测员工在每个客户身上花费的时间、公司的效率、资源规划能力和员工士气。这往往是财务总监的一项 KPI，通常不在路线图的季度性任务列表中呈现，但最终，大多数公司的内部事务都会影响人力成本与毛利润的比值，同时公司内部事务也会受这个比值的影响。

资源利用率 × 资源回报率

　　另一个与人力成本和毛利润的比值有密切关系的 KPI 是资源利用率 × 资源回报率。本质上讲，这个公式反映的是我们的效率有多高。该公式基于一些我们需要完成的后台基础工作，来确定每个员工平均每天应该有多少个计费工时。公式如下：

资源利用率 × 资源回报率 = 工作效率

资源利用率

一个岗位每月有多少小时可用于客户付费的工作？在这些可用的时间里，有多少时间是真正花在客户付费的工作上的？一般来说，任何一个岗位一天的时间都会用在以下这些地方：

- 休息时间（打私人电话、取咖啡、闲聊、查看手机短信）。
- 内部会议（每日团队例会、每周团队例会、全公司例会、一对一谈话、工作回顾）。
- 个人职业发展（辅导别人、阅读、学习、接受外部培训）。
- 行政工作（写报告、填表、资料存档、一般性协作、人力资源管理）。
- 计费的客户服务。

一个纯粹的生产型员工每天上班 8 小时，他们最多有 6 个小时的时间花在收费工作上，这已是理想状态了。管理者可用的计费工时更少，而高管可用的计费工时可能是 0。

你或许已经明白，尽管每个角色的可用计费工时数可能大不相同，但我们可以用资源利用率这个指标来计算客户付费的工作时间占比。所以，我们要把所有可用的计费工时数相加，对工时表中员工填入的工作内容进行分析，计算出整体的可用计费工时占比。

为了目标，我们只需关注实际使用的可用工时数的占比。理应高效工作 6 个小时的同事，如果他们仅提供了 5 个半小时的计费工作，那么他们的资源利用率大约是 92%。

理想状态下，我们希望资源利用率达到 100%。当达不到这个标准时，我们首先需要分析时间用在了何处，然后再进行相应的调整。换言之，就是要对员工进行管理，或者鼓励他们更好地进行自我管理。根据观察到的数据，或许你需要对每个岗位规定的计费工时数进行适当调整、打磨，不过，很快你就能为整个公司的所有岗位设置大致准确的计费工时数。这项任务你应当授权给其他人去做，只要 2 年 3 倍增长法路线图中的前期工作结束，工时表以及汇报系统设置完毕，完善各岗位具体衡量指标这项任务就应当由各部门的负责人和经理来完成。

按岗位计算平均计费工时数

在一家处于平稳状态、没有增长的公司，计费工时用平均值或混合指标可能有意义，但是当一家公司正处于业务增长期或业务收缩期时，比较合理的做法是根据具体岗位来制定衡量工作表现的标准。

比如，一家公司有 25 名员工，可能其中有 6 个人的工作无法按客户计费，比如 CEO、运营主管、行政助理、记账员、IT 主管、营销人员。当公司员工增加到 30 人时，若继续使用混合工时费率就行不通了，因为非计费员工的数量不太可能按比例增加。同样，随着公司的进一步发展，不同部门扩张的节奏可能完全不同。因此，最好的办法是按岗位（管理人员或非管理人员）和部门职能（生产、项目管理、客户管理、规划等）来计算平均计费工时数。

至于一些多职能的岗位，例如客户经理也参与销售，可以在工时表系统中创建一个名为"销售和市场"的新职能，让他们填上相应的时间，这样可以保证他们的岗位计分卡简单易操作，管理者也可以根据各自"真实"的可计费工时灵活配置人员，决定个别员工是否应参与或退出市场工作。你还能根据可计费工时得出公司在销售和营销上究竟花费了多少时间，以便更有效地规划销售和市场工作需要投入的资源。

资源回报率

一旦确立了资源利用率的规范，资源回报率的计算就容易多了。简单来说，资源回报率指在可用计费工时数中，向客户计费的工时数占比。

一方面，如果你的公司属于服务型企业，按工时向客户计费，那么这个占比应该在 100% 上下。如果占比不到 100%，说明与客户支付的费用相比，你们公司提供了过度的服务，常见的原因有估值错误、项目管理效率低下或者交付速度太慢。这些问题都可以通过培训解决。如果占比高于 100%，说明你们公司没有为客户提供足够的服务，尽管这样做可能收获更多的短期利润，但客户最终一定会"清醒"过来。这两种情况都需要管理层进行干预，纠正错误。

另一方面，无论你们公司提供的是服务还是产品，如果客户支付的是固定费用，那么，资源回报率这一衡量指标也能指明你需要做出哪种改变：改变项目的估值、加快生产的速度、调整质量水平或简化产品性能、降低人力成本、减少销售开支、提高价格，等等。

整合各衡量指标

团队每个月都要查看效率报告（见表 6-1），这样才能核查公司的管理和计费流程是否同步。如果资源利用率为 100%，回报率为 100%，则效率就是 100%，这是目标状态。

表 6-1　整合各衡量指标

衡量指标	计费工时	工时数（时）	效率值（%）
	可用计费工时	2 721	100
资源利用率（U）	已用计费工时	2 420	89
资源回报率（R）	实际计费工时	2 000	83
效率 =U×R			74

如果资源利用率为 80%，资源回报率为 70%，那么工作效率仅为 56%，显然这种状态与理想状态相差甚远。这两个数字一结合，问题就会显现出来。如果某个月份出现了重大波动，就要对这两个数字进行解析，找出根本原因，必要时及时修正。如果持续出现错误，团队可以指派专人提出有力的解决方案，这时战术性培训可能已经不够了，需要采取更彻底的改革措施才行。

在前文中，我指出了这个效率公式与人力成本和毛利润比值之间的密切关系。二者的关系非常直接，主要体现为：如果资源利用率低，则会直接影响到我们期待的 55%（人力成本与毛利润的理想比值）这个数字。利用率越低，意味着人力成本越高，因此人力成本与毛利润的比值越高。而回报率低意味着毛利润低，人力成本与毛利润的比值则会变高。所以，按工时向客户计算的情况类似，人力成本与毛利润的比值高于 55% 表示员工工作量不足，低于 55% 表示员工工作量过大，即实际使用的工时多于标准的可用工时。

实际上，人力成本与毛利润的比值是个非常有用的 KPI。在你弄清楚资源利用率和资源回报率之前，在 2 年 3 倍增长法实施例会中汇报这个比值的变化情况是明智的，因为它可以作为一种相当高效的管理工具。和其他许多衡量指标一样，效率是一个很棒的指标，只要你改进一点点，就一定能看到你和团队正在稳步推进各项工作。

这项工作实际实施起来很复杂，需要一些时间才能正确执行。它之所以难推进，通常是因为团队没能准确地告诉同事该怎么做，或者领导层自己不做工时记录，为大家做了错误的示范。所以，请你马上去填工时表！

任务清单
SCALE AT SPEED

第一个月　调查研究

⊙ 确定当前正在使用哪些工时表，谁在使用、在什么系统上操作。

⊙ 选择一种工时追踪系统。

⊙ 确定每个工作岗位的可用计费工时数。

⊙ 找出将账单系统与计费工时挂钩的办法。

第二个月　设计方案并测试

- 向所有员工传达推行工时表的原因，并上线这个系统。

- 核对客户的账单和员工付出的工作时间。

- 回顾、分析每个岗位的已用工时，对可用工时进行优化。

第三个月　实施方案

- 建立部门级以及增长实验室团队的汇报机制。

- 指派专人负责管理人员的内部培训工作，以提高效率。

- 确保数据用于产品开发和定价审查。

- 指派专人负责公司的整体改进和资源管理工作。这个人可以是资源经理、客户服务负责人、生产负责人或运营负责人。

2 年 3 倍增长法的要领

- 将制定路线图的方式贯彻到公司的所有重要事务之中。

- 对于大多数服务型企业来说，人力成本与毛利润的比值应该在 55% 左右。

- 效率是资源利用率和资源回报率之积。

- 每月向增长实验室团队汇报 KPI 的情况，让团队掌握数据统计的来龙去脉，并有机会仔细追踪数据、更精准地理解数据，这样有利于提高团队的决策能力。

SCALE
AT SPEED

第 7 章

维度 5，业务流程的高效优化

考虑所有的风险问题，无论大小，为未来的紧急情况

做好预案。

设计战略蓝图的业务板块，建立流程连续性

前文介绍了很多新的规范。在公司系统性推行这些规范时，为了不用总是从头再来，我们需要创建一系列新的业务流程，强化公司当前的业务准则。这些新流程可以明确业务发展所需资源，避免必须等待增长实验室团队进行分配与安排的情况发生。公司会用新的工作手册指导大家如何开展面试、如何评估工作进度、如何接触潜在客户、如何衡量工作效率，甚至如何持续盈利。随着公司的发展，这些新业务流程如何实施、如何记录、如何持续推行，将决定你公司的扩张速度，以及是否能够实现扩张。其中，如何持续推行是最重要的。战略蓝图的业务板块设计如图 7-1 所示。

员工、客户、销售、市场、财务等板块的季度任务可以由增长实验室团队来定义，且增长实验室团队通常很容易就可以完成。在实践中，完成大多数任务都需要新的业务流程，这些流程以后会由其他人员继续执行。流程起初仍由增长实验室团队负责启动，随后交由最适宜的部门持续运行。

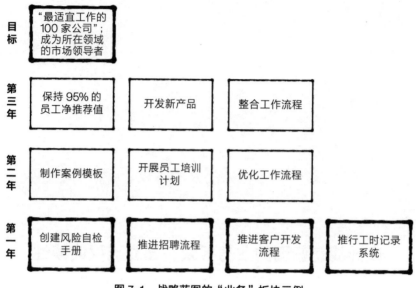

图 7-1 战略蓝图的"业务"板块示例

例如，"资源利用率 × 资源回报率 = 工作效率"这个公式包含了 3 部分，要让这个公式发挥作用，需要收集准确的信息。谁在哪个项目、产品或服务上工作了多长时间，没有这些数据就无法评估资源利用率；没有准确的计费信息，就无法推算出资源回报率。因此，工时表的存在很有必要。推行工时记录系统也应当成为一项早期任务，因为没有该记录就无法算出效率。而该任务属于战略蓝图中的业务流程板块。

加权的销售机会在实施时也需要一定的流程，具体包括：评估当前的潜在客户，适时接触潜在客户，推销、报价、等待客户的最终答复，然后对这些销售机会进行准确加权，并持续评估、及时更新，然后汇报进展。

还有与人力资源相关的新流程，包括搜集候选人资源、面试和背景调查、入职培训、制作岗位计分卡、制订员工持续发展计划、客户满意度调查、员工敬业度调查等。虽然这些任务都在 2 年 3 倍增长法的战略工作中一一呈现，但支持新策略的工作流程还是需要分别设计，且应列入业务流程板块。

一旦你开始在业务流程板块填写工作任务，你会发现很多工作必须齐头并进。比如，员工板块中"制定招聘策略"这项任务看似笼统，其实要涉及多个流程，包括"对候选人资料进行深入分析"和"安排每月一次的跨界人才聚会"。

新的流程一旦制定并开始执行，就应该委派增长实验室团队之外的员工来负责全面推广，包括培训、监控、改进和汇报等一系列工作，通常这些人选是相关部门的负责人，如销售主管、人力资源总监、IT 主管。随着公司不断壮大，他们也会成为这项流程的责任人。这个例子可以直接体现出 2 年 3 倍增长法能为未来增长搭建平台的本质。

与任何其他板块相比，业务流程板块更需要出色的设计。因为你设计和执行的业务流程不是随意的，一旦执行就不能轻易改变。未来数年里，每个流程都将成为"我们公司的工作方法"。因此，执行某项既定流程的任务看起来简单，实际上最为关键的工作已在调查研究阶段完成，在设计方案并测试的阶段对创建的新流程已进行实打实的考验。一项流程方面的任务可能无法在一个季度内完成，这也无妨，毕竟最重要的是你的行动及方向正确。

我在这里只具体讨论一项流程方面的任务，即风险自检，因为若不解决风险问题，你可能因为一些低级错误而一败涂地。

创建风险自检手册

　　风险自检手册是个极其有用却经常被忽视的工具，其本质是一种预防性措施，为防止一些小问题带来巨大的甚至是灾难性的后果。我的一家公司曾经跟英国最大、最著名的一家零售企业签订了一份合同。他们发来合同后，我们只检查了合同中的供应商付款条件这一项，没有提出任何异议就签署了合同。直到后来，我们首次编写风险自检手册时才发现，我们竟然已经违反了合同。当头一棒！我们签署的合同上规定要有价值 100 万英镑的专业赔偿保险，而我们的保险金额只有该数额的 1/10。

　　在我职业生涯的后期，我们不得不思考影响业务发展的重大外部威胁：恐怖主义袭击会让总部所在地的交通瘫痪，疫情暴发让员工只能居家办公。这些都会威胁公司的发展。我们至少应该想到这些情况。

　　一旦有发生意外情况的风险，你能否对其破坏程度做出判断，这取决于你对风险有多少了解。这种风险有一个范围：一端是不确定性风险。你不确定风险是什么，也不知道可能带来什么后果。说到底，就是你完全没有任何信息。另一端是确定性风险，你知道风险是什么，并且拥有一些数据指向最终后果，你也掌握了预防或解决问题的一些信息。理想状况是处于确定性风险这一端，因为你可以管理风险。千万不要陷于不确定的状况中，因为你根本无法应对未知的风险。

　　过去，我常在工作之余驾驶滑翔机，就是那种不带引擎、翼展达

15 米的飞行器。这是一项美妙的运动，优雅、平和、令人振奋。到了夏天，我常把周末时光都用来翱翔在美丽的英国郊外的上空，偶尔还会降落在离家很远的地方。我的目标当然是要飞回出发地——科茨沃尔德机场。这项运动大多是自愿进行，教练的时间只留给俱乐部成员，运营、管理滑翔机的机场工作人员自己并不会飞行。很少有人是专业驾驶滑翔机的人。机场里人来人往、一片繁忙景象：一些滑翔机在绞盘车的牵引下或者在飞机的拖曳下起飞，还有一些滑翔机在降落，近乎准确地落在发射点附近，牵引车熟练地转动，还有各种信号灯、此起彼伏的无线电呼叫声……就像电影《壮志凌云》（Top Gun）中停机坪上的景象，只不过这里是幽静的英国郊区。

大多数风险都关乎生死，驾驶滑翔机就要冒很大的风险。即便我们热爱滑翔在美丽田野上空的感觉，也要不惜一切代价避免发生意外。不过，由于这项运动的自愿性质，不可能指望机场里的每个人都知道遇到紧急情况时应该怎么办。因此，我们有一系列简单明了、带有清楚图示的指导手册，包括如何操作牵引车，如何更换磨损的绞盘车缆绳等。最重要的是，指导手册中有一份简要的紧急情况处理清单，只有一张表，内容却涵盖了所有可能发生的事情，以及一旦发生某种情况时该如何处理。你根本不用去想，只要按指示操作就行了。

这份指导手册实在太周全了。在阿斯顿丘陵机场，如果出现需要医疗救治的紧急情况，无论是绞盘车操作员受伤，还是滑翔机着陆失误，指导手册上有这么一条，指导你如何立刻打开机场所有大门，方便救护车从任意方向畅通无阻地开进来。这样的安排你想到过吗？我在那个机场度过了很多个夏日的周末，直到有一次响起了警报，我才知道机场有这样的紧急措施。

这种紧急情况的预案源自未雨绸缪的思维习惯。这种思维习惯考虑的是"如果某种情况真的发生了，我们该怎么做"。所以，在危机发生时你可以思路不清晰，该做什么，你也不用全记住，都写在风险自检手册里，你只要按指示操作就好。

为公司创建一份风险自检手册，可以迫使你前置这一思考过程，迫使你考虑所有问题，无论是一夜之间因为一个失误失去 40% 的业务，还是失去一个深谙公司信用管理体系或负责管理保险箱的人。

风险自检手册不应只关注此类存在性威胁，应尽可能涵盖所有可能影响企业员工或企业本身的问题。尽管几乎没有什么威胁会真的出现，但身处危机时，知道已有的行动方案，无疑会给人带来很大的安慰，还能最大程度地保障安全。

以下是几年前我为当时自己管理的一家公司创建的风险自检手册的主题列表。这里我要感谢一位值得信赖的同事朱莉·福西特（Julie Fawcett），她与我合作很久，担任过多家企业的咨询财务总监，非常聪明。朱莉犀利的眼睛发现了公司管理上存在的诸多风险，她不遗余力地帮助管理者未雨绸缪，做最坏的打算，为管理者减轻很多压力，有时还能挽救一两家公司。感谢朱莉，我们才有了下面这份清单，你应该仔细思量其中的问题或要素。我暂且把这些问题留给这项任务的负责人去回答。

- 你是否过度依赖某个供应商？你们签合同了吗？规定服务水平了吗？包含违约的处罚条款吗？
- 政府的边境及移民政策的变化对雇用员工有没有影响？

- 现金流：如果大客户不按时付款，有应急预案吗？遇到紧急情况是否能及时从银行提现？

- 违反客户合同：如果目前没有客户端合同的中央日志，则无法知道自己是否违约。

- 没有签订合同：这意味着如果存在争议，将更难解决。

- 客户破产或失去最大客户的应对方案是什么？

- 客户满意度：你的口碑可能导致失去现有客户或潜在客户。

- 竞争对于窃取市场份额时该怎么办？

- 法律问题：是否具有法律法规意识并理解其含义？或者法律法规发生了哪些变化？签订的合同是否有法律效力？

- 汇率变动对公司有无明显影响？

- 信息安全：是否在使用未授权的软件？

- 欺诈：目前公司的支付行为完全由某公司控制，网络犯罪正在增加，公司有没有防范措施？

- 健康和安全政策，急救、消防、电气的认证等是否合规？

- 扰乱系统、设施、员工安全的事故或事件，如火灾、网络攻击、恐怖事件发生时有没有应对措施？

- 员工问题：员工离职率高、人才流失严重时怎么办？

- 预扣所得税的税务审计未通过怎么办？

- 签订了对公司不利的客户合同该怎么办？

- 员工、兼职人员、客户、供应商在未经批准的情况下攫取公司的知识产权（IP），自用或提供给竞争对手，该怎么办？

当然，上面这个清单还可以加入很多其他内容，有一些是你的职位、所在行业或公司特有的。最重要的 5 大威胁应当纳入公司的 SWOT 分析。

有些人会觉得风险自检这项任务没什么意义，我还从未遇到过马上自愿举手申请负责这项任务的团队。调查研究阶段非常简单，就从上面的问题开始即可。我建议接手这项工作的人要询问公司不同岗位的员工，并告知他们可能面临哪些风险。没有人知道公司面临的全部风险，但技术部门、生产部门或者人力资源部门的人提出的风险，你可能永远都想不到。

整理出一份不错的风险清单后，你要根据其影响、解决的时机、解决的成本和紧迫性对每个风险进行评级，并把可能威胁到公司生存的风险放在首位。有了这样一份按优先级排列的风险清单，你便可以将规避每个风险的任务分配到公司各处。

风险自检手册应该是一份动态文件，要定期更新，每次出了差错或任何人贡献了新的风险，就及时添加进来。这份文件还应该每季度由负责人（COO 或财务总监）至少回顾一次。

任务清单 SCALE AT SPEED

第一个月　调查研究

- 收集公司内部现有的应急预案。

- 研究你所在行业的风险自检手册。

- 为公司制定一个风险评级系统，用红色、黄色、绿色来标注优先级。此时应该考虑某个特定风险发生的可能性及其对公司业务的影响，以体现解决这个问题的紧迫程度。更多请参阅本书第 2 章末尾部分有关紧迫性与重要性的图示，SWOT 本身与风险自检手册也可以相互参照。

第二个月　设计方案并测试

◉ 起草风险清单。

◉ 用红色、黄色、绿色来标注优先级，突出显示最紧急的行动。

◉ 确定将来负责此项任务的人员。

第三个月　实施方案

◉ 完成风险清单并分配行动方案，解决员工个人面临的最大风险，并设定最后的完成期限。

◉ 将风险自检手册的责任移交给合适的资深员工。

SCALE
AT SPEED
2 年 3 倍增长法的要领

- 大多数路线图中的任务都将产生全新的或经过修正的流程。设计流程时，你应当考虑到这项流程能否推广至更广泛的业务中去，然后持续推进这项流程，并努力达到下一个发展阶段所需的标准。

- 一定要制作适合自己公司的风险自检手册，越早越好。制定风险自检手册是为未来紧急情况做好预案的关键手段。

SCALE
AT SPEED

第三部分

2 年 3 倍增长法的整合，
确保执行万无一失

SCALE
AT SPEED

第 **8** 章

将每项行动转化为可衡量结果的任务

周期性地召开会议，有助于形成凝聚力，建立稳定性。

整合战略蓝图的全貌，梳理关键增长路线图

我们再来复习一下完整的战略蓝图是什么样子，如图 8-1 所示。

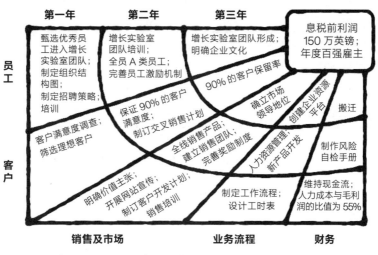

图 8-1　2 年 3 倍增长法的战略蓝图全貌

当然，每个公司的战略蓝图在很多方面都不太一样，尤其是目标、销售及市场和客户板块的后期阶段。不过，在员工、业务流程和财务板块，很多公司都有一些共同点。

战略蓝图大功告成后，增长实验室团队就该讨论第一年各项任务的先后顺序了。在这个环节要留意各项任务间的依存关系，然后参照公司 SWOT 分析中的优先事项，将这些任务整理进 2 年 3 倍增长法的路线图中。

图 8-2 是一个完整的示例，图中对一年的各项任务进行了排序。

Q1   **Q2**

明确招聘策略	制作岗位计分卡
明确价值主张	制作网站、宣传材料
制作工时表	甄别低利润客户和理想客户
客户满意度调查	开展客户经理培训
低利润客户不增加就放弃	员工敬业度调查
开发潜在客户	开展销售培训
人力成本与毛利润的比值为 55%	制订员工培训计划
只留适合公司发展的人	找出有待优化的工作流程

Q3   **Q4**

图 8-2　完整的路线图

根据战略蓝图编制 2 年 3 倍增长法的路线图后，增长实验室团队要决定第一季度的各项任务该由谁来负责交付（见图 8-3）。你可能很想干脆把全年的工作任务分配好，但实际上有些任务在执行过程中会发生变化，原本计划一个季度可以完成的工作可能需要两个或多个季度才能完成。另外，让团队成员走出舒适区，承担其他任务，也是一种很好的学习体验，事实上团队里的每个人都有机会接受全新的任务。

Q1　　　　　　　　　　　　Q2

明确招聘策略	彼得	制作岗位计分卡
明确价值主张	凯利	制作网站、宣传材料
制作工时表	萨米拉	甄别低利润客户和理想客户
客户满意度调查	乔	开展客户经理培训
低利润客户不上去就出局		员工敬业度调查
开发潜在客户		开展销售培训
人力成本与毛利润的比值为 55%		制订员工培训计划
只留适合公司发展的人		找出有待优化的工作流程

Q3　　　　　　　　　　　　Q4

图 8-3　交付第一季度的各项任务

任务分配给每个人后，大家必须注意清晰地定义每项特定任务在调查研究、设计方案并测试以及实施方案阶段的期望产出。在定义每项任务的内容时，要详细记录下各个阶段的期望产出，并且一定要让任务负责人向团队重复一遍领到的任务以及要交付的成果。

逆向推导，制定定期追踪的会议周期

作为一名企业领导者，我总是让人捉摸不透，不熟悉我的人很难相信我能完成交给自己的任务。我也知道自己的管理风格不尽如人意，但我真的很不明白，为什么人们总希望能预测结果，而不是享受未知带来的刺激。我从没有规划出规律的日程安排，这让团队中诸多优秀同事深感头疼。在创业 15 年后，我终于从导师查尔斯·卢埃林（Charles Llewellyn）那儿听到了"周期性会议是企业健康经营的核心"这个说法。我很快就将这个建议介绍给管理团队，让我意想不到的是，尽管我自己仍然不喜欢预测未来，大家却开始提前有序地做准备，公司即刻有了变化，逐渐变得有条不紊起来。

周期性地召开会议，有助于形成凝聚力，建立稳定性。通过设定有规律的会议频率，你可以对期望进行管理，允许大家将问题推迟到适当的时候去解决，而不用因此感到紧迫或内疚。一个简洁有序的日程安排有助于及时解决重要议题，避免出现更大的问题。如果有人生病请假，你当天一早就会知道，而不是等到他缺席重要的客户会议时才发现。如果一个项目需要更多的资源，那么在交付前一个月或决定下一阶段任务的前一周你就已知晓，如此可以管理好客户的预期，或者安排更多人手来加快推进项目进度。

参照战略蓝图的制定方式，我们从最远大的设想开始，逆向推导，整理出一个清晰的会议周期：

- 3 年战略的定期回顾及前瞻性规划：每年一次，每次两天。
- 2 年 3 倍增长法路线图的定期回顾及前瞻性规划：每季度一次，每次一天。
- 2 年 3 倍增长法路线图进度的定期更新：每月一次，每次一天（包括培训）。
- 增长实验室团队的定期检查：每周一次，每次一小时。
- 部门层面的业务汇报：每天一次，每次 20 分钟。

这种周期性会议的节奏，就像战略蓝图本身一样，分为不同的类型，可用于管理各种大小事项、推进项目进展、制订个人发展计划等。我的建议是，不要让事情复杂化，要在公司内部建立尽在掌控的氛围，因为每个人都想了解自己所处的环境，没有人喜欢措手不及，意料之中的、正常的周期性会议节奏可以让人心安。

根据 2 年 3 倍增长法路线图，在一定时间内总有多项任务同时推进，其中许多任务需要增长实验室团队成员之间，甚至不同部门之间的协作，因此，增长实验室要每周定期检查任务进展，确保团队成员充分参与决策和意见征集。每月召开一次路线图任务汇报会，是为了更深入地分享工作进展、促进决策，而每周召开例会则是为了处理各项任务在操作层面的问题。正因为有了每周例会的基础，增长实验室团队成员参加每月进度汇报会时，才能有备而来，从而快速就方向和结论达成一致，并为下一步工作做好充分的准备。

细化议事日程，同步计划进展

下面列举的是 2 年 3 倍增长法实施过程中的常见会议议程，每个月大体不变。不过在召开季度回顾会时，要加上季度回顾这一环节。在实践中，我们通常会在一开始留出一小时，让公司所有者讨论一些与路线图无关的战略问题，比如并购、人员变动、意外出现的机会或风险等，然后再举行 2 年 3 倍增长法路线图的进度会议。之后，如果时间允许，我们通常还会组织一场培训，或者进行个人职业辅导。这一整天的日程大致如下：

● 报告好消息。

- 分析财务状况。

- 检查 KPI。

- 逐项回顾路线图任务。

- 深入分析一个或多个项目。

- 回顾本季度进度。

- 季度末总结：回顾本季度的各项任务结果以及正在进行的任务进展；介绍下一季度的主要任务，定义各项任务的具体要求及每月的关键里程碑；回顾整体进度。

- 其他未尽事宜。

- 开展相关培训。

除去一开始公司所有者讨论战略问题或董事会层面话题的时间，对 2 年 3 倍增长法路线图本身内容的讨论大约需要 3 小时，额外还有一两个小时的培训时间，以及为所有人或增长实验室团队成员进行辅导的 1 小时时间。这一天的日程非常紧凑。接下来，我们详细看看每个议程的内容。

报告好消息

召开董事会会议以及路线图进度会议时，先报告好消息是个不错的开场，这么做的好处包括但不限于以下几点：

- 与会人员很少有机会能聚在一起，此时分享个人取得的胜利，无论成就大小，大家都可以直接向当事人表达认可、一起庆祝。这样做能让团队感受到共同进步、积极协作的力量。

- 共享可能无法跨越业务部门的信息。平时，大家只能获悉在团队内部传播的消息。换句话说，只有大新闻才会在更广范围内流传，部门的小成绩难以引起他人的关注。

- 作为一名外部顾问或董事会主席，我可以从当事人那里听到公司的好消息，而不只是从媒体口径或管理层口中听说。

我很乐意看到同事为自己的成就感到自豪，无论是大成就还是小胜利。我很喜欢大家聚在一起，一起说说好消息，随后听听报告，讨论讨论财务状况、KPI 以及任务进展。一个轻松愉悦的开始，能够为接下来的会议氛围奠定基调，避免与会者出现负面情绪或不友好的态度，大家可以其乐融融地度过一整天。

氛围很重要。很多公司都会把董事会会议和路线图进度会议合并为一个会议，并且往往都会先从查看前一次的会议记录开始。若是在此之前用报告好消息开场，可以强化一种观念，即召开这样的会议是为了讨论如何取得成功，而不仅仅是汇报过去的成绩。

分析财务状况

我相信透明化管理的力量。高管团队很清楚公司发展得顺不顺利，却可能不太理解损益表是怎么回事。我接触过的很多员工都认为，公司利润全进了公司所有者的口袋。因此，我坚信员工培训很重要，公司所有者应当与他们同甘共苦，一起为每一种可能性做好预案。

这里就要谈到包容性。如果员工不理解某些行动对公司的意义，公司就很难建立起愿意对行动成果承担责任的强大团队。"销售额越高，成功越大，增长越快"这种口号说起来很容易，但获得成功、实现增长、赚取利润实现起来都很难，员工难免会认为利润都进了公司老板的口袋。很遗憾，这正是传统的损益表形式带来的后果。营业额去掉成本就是利润，这些都是老板的。如果大家都认为自己是在为公司创始人挣钱，那么无论是普通员工还是高管，工作肯定都不会太积极。

这就是那个老生常谈的"胡萝卜加大棒"策略，即完成了目标就发奖金、完不成就降薪。根据我的经验，这样的奖惩制度往往适得其反，会让 CEO 一直忙于在鼓舞员工士气和促进增长之间寻求平衡。回想一下，公司的奖金制度你已经修改了多少次？有过多少次这样的情况：公司根本发不出奖金甚至工资，但想到员工正翘首企盼，你只能自掏腰包。

若能实现管理透明化，一切就容易得多了。道理很简单，要想让公司实现快速增长，就要将利润用于再投资；要想准备一张安全网来应对常见的收益波动，就要留存部分利润；要想及时抓住新的发展机会，就要将手头的利润换成现金。因此，如果你打算推动公司快速增长，就需要将利润拿来再投资或留存起来，这样，团队为实现你的远大目标共同制订发展计划这件事就会容易得多。你必须向团队成员详细说明公司的财务状况，以便他们依据实际情况调整任务。因此，你要在每个月的增长实验室团队例会上，与这些负责实现公司增长的成员共享关于公司财务情况的讯息。

下面介绍的理解损益表的方法，可以让沟通业务需求的过程变得更加容易。增长实验室团队成员在执行路线图任务、推出高效的业务体系和工作流程后，很快就能看到增长实验室团队对公司的成功产生了多大的影响。损益表通常如表 8-1 所示。

表 8-1　损益表示例 1

项目		示例	KPI
销售额		200 万元	
减：销售成本	减	（14）	
毛利润或营业额	小计	186 万元	
人力成本	减	102 万元	55%
运营开支及固定成本	减	47 万元	
-办公室开销			
-法务、财务及顾问费用			
-硬件、软件、办公家具等			
净利润或营业利润	余	37 万元	20%

大多数人认为这样的损益表对管理很有指导性，用销售收入减去销售成本、人力成本、管理费用，剩下的就是利润了。

会计都是这样制作财务报告的，财务软件也是这样生成报告的。利润位于最底端。在上一章中，我们讨论过，为了在银行账户保留合理的余额，以便让我们在面对销售、生产或应收账款出现意外波动时能保留一点安全感，我们一定要持续获得现金。而现金来自利润，只有获得一定的利润，才能够在银行中存入足够多的现金。如果不想让公司发展过于滞缓，我们必须在第一年创造 20% 的利润以确保安全。

然后，当我们的成本随营业收入的增长而增长时，在保证有 3 倍月总经营成本作为安全保障的基础上，应尽可能多地投资，通过推行新举措来为公司发展提速。

事实上，至少保持 20% 的利润率，我们才能获得足够资金去做想做的事。而为了达到这样的利润率，一个办法是将这个数字放在损益表上端，而不是底端，如表 8-2 所示。

表 8-2　损益表示例 2

		示例	KPI
销售额		200 万元	
减：销售成本	减	（14）	
毛利润或营业额	小计	186 万元	
净利润或营业利润	减	37 万元	20%
－ 剩下用于人力及运营的开支	小计	149 万元	
人力成本	减	102 万元	55%
运营开支及固定成本	余	47 万元	
－ 办公室开销			
－ 法务、财务及外部顾问			
－ 硬件、软件、办公家具等			

　　按照这样的计算方法，先留出净利润，然后再设定好人力成本，即毛利润的 55%。如此一来，毛利润的 75% 已被占用。除此之外，不管剩下多少钱，都是你可用的经营管理费用。当然，你也可以用这些钱来实施某些战略举措，包括研发、创新、投资、新领域扩张或收购，以创造额外的利润。

　　这种方法迫使你进行经济学思考，引导你考虑办公室的管理成本而不是富丽堂皇的"面子工程"，考虑收购企业能否立刻带来规模效应，考虑减少不必要的开支。事实上，如果你能显著减少管理费用，剩余的资金都会成为你的可支配利润，可用于加速扩张。

　　我会把这一切教给增长实验室团队。如果他们是你眼中的杰出人才，并且他们注定有一天会做出些伟大的事情，比如自己创业，那么他们迟早要学会这一切。从这个意义上讲，你这样做，是在帮助他们尽早养成商业思维方式。

考虑到上面的原因，如果你公司有财务总监，即使他们每月只来几天检查财务经理或出纳的工作，你也应该请他们来参加路线图进度会议。因为财务总监手头上有包含 KPI 报表的财务管理报告，可以对任何出现异常、令人不解或具有特别意义的数字进行拆解，并向与会者解释。

虽然财务总监的岗位本身可能不具备战略特征，但他们有一部分职责是要在 CEO 需要做决策时提供支持。比如，为推行一些新举措（培训等）寻找资金、降低成本以应对改良产品线导致的销售额下降，或者提前一年规划办公地点迁址。与其先由 CEO 总结会议精神，再由财务总监根据会议摘要完成必要工作，不如直接请财务总监来参会，让他们理解决策的背景，提前获悉将影响未来数月甚至数年的决策，然后制订相应计划。

请财务总监来参会，就可以与其一起讨论影响财务状况的行动，并当场达成一致意见。大家讨论具体的行动规划时，许多行动都需要资源和资金，财务总监能提供非常宝贵的、专业且务实的视角。

财务总监的参与也让增长实验室团队有机会了解公司财务机制的运作。这个团队里的成员将来可能要管理公司，因此他们越早学习财务知识越好。

最后，增长实验室团队越熟悉财务部门的限制和困扰，就越不会视财务部门为阻碍投资的敌人。在财务总监和增长实验室团队之间建立密切联系，有助于迅速推动进步和变革。

检查 KPI

KPI 可以从多个维度去界定。你可能看到过报告中对生产的各方面，如产量、销售比率、现金流、资本回报率、毛利率等指标进行了大量细致的描述。在我职业生涯的早期，当公司形成稳定的现金流后，我一直想努力搞清楚自己是如何做到的，但这样的思考只会让我更加心烦意乱。早年间，我一直为现金流和销售额感到忧虑。后来，我的工作重心转移到销售预测和员工管理上，我只会偶尔再操心一下利润问题。

经历过一些失败和成功之后，我才明白，总经理和财务人员对细节的把控确实很重要，但这些 KPI 对管理更大的团队并没有多大帮助，因为有些员工既不懂财务知识，也对这些知识不感兴趣。说到底，你会要求世界上最有创造力的人熟练使用电子制表软件吗？不太会吧。

我和合作过的很多团队使用过各种各样的汇报体系、格式，最终得出一个共同的结论：KPI 是个非常有效且重要的指标。如果 KPI 显示我们事先制订的计划和期待的状态正常或轨迹正确，那么说明执行情况很好，无需进一步研究。如果它显示实际状态偏离了计划，那么我们要与团队成员一起深入探究并分析原因。KPI 是一个指示信号，指向我们可能需要深入了解的事情。这个信号既可能是正面的，也可能是负面的。如果 KPI 显示一切比预期的好，我们也有必要分析是否有某种明显的原因，以便将来尝试重复运用。而当情况变糟时，找出原因就很关键，只有找到原因，才能采取措施解决问题。

这就像董事会会议上的财务汇报环节。如果利润较低，我们可以推测原因可能是成本或费用高于产出，同时定价过低，或者仅仅是因为定价过低。要弄清楚究竟是哪种情况，就有必要深入分析一下管理报告，找出问题所在，讨论解决方案并制订行动方案。

绩效指标数据可用于突出需要注意的领域。KPI 是最高级别的数据，用来告诉更广泛的增长实验室团队是否有需要解决的问题。增长实验室团队会告诉公司的每个部门什么是最重要的。管理的真理是：被衡量的事情都会被完成。

现在你应该熟悉这些 KPI 了。你要学会如何获得这些数据，明白数据背后的含义，知晓数据意味着要采取哪些行动，以及如何处理可能遇到的特定问题。这里要对 KPI 的内容稍作说明：

- **人力成本和毛利润的比值**
  - 目标是 55% 或所处行业的适当水平。
  - 人力成本和毛利润的比值低于 55% 会导致员工要高强度地工作和有巨大的工作压力。如果预测该比值会低于 55%，那么你应该筹划一些鼓舞士气的举措来化解员工的工作压力。人力成本和毛利润的比值高于 55% 则表明人浮于事、资源配置不良或利润浪费。
- **资源利用率 × 资源回报率**

- 目标是 100%。
- 用工时表上分配的、为每个岗位定义的可用计费工时的百分比，乘以向客户计费的工时百分比，就可以得出工作效率。
- 如果结果低于 100%，在充分考虑团队允许公差的情况下，对真实情况进行深入分析，从根本上解决问题。
- 月度报告应该提供基本的统计数据作为支持。如果这个数值不及期待值，可以进行深入的分析研究。

- **客户满意度分值**
  - 目标是 90% 或更高的总平均分。
  - 整体数字是所有受访者的总平均分。
  - 将每个客户的评分卡附在报告后面作为支持文件。
  - 这个分值有助于你在必要时检查重要问题，或凸显某方面的增长，或发现创新的机会。

- **客户满意度调查的受访者有效率**
  - 目标是 100%。
  - 例外情况要标明。

- **客户满意度趋势报告**
  - 包括 13 个月整体评分的线形图。
  - 包括 13 个月各客户总分的线形图。
  - 包括 13 个月各问题高低分差的条形图。这个图可以凸显出问题所在，并且最终让我们形成长远的判断，判断一年中是否存在可预测的高峰和低谷。

- **加权销售机会的价值**
  - 目标值待定。

- 新的销售机会的总价值，按所处阶段、可能性、接
  近成交的程度，以 10%、50%、90% 三档为每
  个机会附加权重。
- **潜在客户的数量**
  - 目标数量待确定。
  - 根据过去的数据，如果你确定有 X 个潜在客户，那
    么你要在本月生成 Y 场会面或会议。
- **意向客户会议的数量**
  - 目标数量待确定。
  - 如果这个月你有这么多场会面或会议，那么本月你
    将要参加 Z 场竞标。
- **竞标的数量**
  - 目标数量待确定。
  - 如果这个月你参加这么多场竞标，那么本月的销售
    收入就能达到预期要求。
- **转化率（或竞标成功率）**
  - B2B 竞标成功率的目标应该设为 50% 以上。不
    过，能否达成这一目标，取决于销售渠道、所处产
    业以及市场规范。不管怎样，目标要定得高一些。
  - 根据比率高低，可以判断是否需要组织销售培训、
    产品是否合适，或者是否需要重新定价。

逐项回顾路线图任务

我是个极其依赖视觉信息的人，如果没有漂亮的图示，头一次接触
到的东西我就会很难理解。这也是我喜欢战略蓝图的原因之一。如果你

到我在董事会会议室的正常工作环境中来，你肯定会注意到我坚持使用的白板、活动挂板和不干胶，我还坚持用深蓝色的记号笔画各种图来解释一些抽象想法。新冠疫情期间，人们的行动受限，但是我继续保持了这一习惯，用平板电脑和触控笔设置了一个虚拟的白板，并在视频会议时使用它。

我也很清楚，并非所有人都跟我一样，其他人会用别的方式获取信息，比如讲故事、列表、举数字、练习或聆听，这些方式更有效。当然，许多人想学什么就会去做，边做边学。针对这部分人的做法，我的体会是学习需要不断地重复，但是如果每家公司都从头学起，可能会有点无聊。因此，在 2 年 3 倍增长法的路线图进程中安排 Q0 的原因，就是允许大家有机会边做边学。

不管你喜欢用什么方式获取信息，不要忘了对信息进行比较分析。我们会时不时地查看损益表，对比上个月的数据或截至报告日期为止近一年内所有月份的情况。但是，我们很少会把最新数据与前些年的同期数据进行比较，而这样的比较很有帮助，因为比较分析久了，我们就能够看到收入或盈利能力等各种指标的发展趋势和波动变化，有点像驻波，每年大致相同。如果我们能看出这些趋势和规律，便能提前做出规划以应对这些波动，比如开展营销活动、减少兼职人员的数量，或者根据预期收入按比例增加奖金或培训支出。

首先，我强烈建议，向团队或在别的场合做月度业务汇报时，要将当月业务数据与上一年的同期数据做个对比，最简单的方法是准备一份 13 个月的滚动报告。如果现在是 10 月，那么去年 10 月的数据也应包括在报告中。除了损益情况报告，客户满意度分值、资源利用率 × 资源回报率、人力成本与毛利润的比值、现金流、销售机会和招聘需求都可以做这样的比较。财务总监可能会告诉你，资产负债表的报告就是这样做的。团队成员接受信息的方式各不相同，有的是损益表里的数字，有的是线性图，因此也应当以不同形式呈现信息。可以采用的形式，包括请报告人逐一念出报告内容并进行适当的解释。这样做不仅能给大家提问的机会，也可以帮助报告人真正理解报告内容。

深入分析项目和做季度回顾

针对 2 年 3 倍增长法路线图中的每个项目，相关项目负责人都有大约 15 分钟的时间汇报进度。为了保证会议效率，会议之前，要把相关资料预先分发给大家提前阅读，以便每个人都能跟上进度；需要做决定的内容，事先也已征求了增长实验室团队成员的意见；调查研究、设计方案并测试和实施方案工作都已经完成。实际上，大家都已在周期性会议上掌握了足够多的信息，每个人应该都基本掌握了进度。

所以，要把路线图进展回顾视为进度汇报会，而不只是在会上征求意见。唯一的意外是某项任务需要改变最初的设计，要么因为第一个月的调查研究后发现任务方向有所改变，要么因为设计方案并测试阶段出现了新的问题，会限制项目进展或必须延长时间至下一季度完成，因而会对其他任务的展开或资源配置产生影响。

现实中，每家公司、每个增长实验室成员的做法都不尽相同。在某家公司，我第一天看到接连 5 份漂亮的汇报展示，然后第二天这 5 个项目的进展汇报又完全不一样了，有 5 分钟的口头汇报，也有长达半小时的新 KPI 演示工具的介绍。时间一长，这个过程会越发紧凑，随着团队成员的演示技巧逐渐娴熟，尤其是如果主持人建立起一个个人演示的评估机制，在每个环节最后加上一句："瑞切尔今天的演示，哪些地方做得比较出色？哪些地方可以做得更好，大家有什么建议？"会议也会变得更顺畅。记住，类似演示培训的专项培训，可以被视为一项典型的管理工作或由人力资源部门负责的工作。

深入分析一个或多个项目

在会议开始之前，确定好路线图中的哪个项目应当深入讨论或需要组织某种培训。我建议会议由经验丰富、自己开公司的外部顾问来主持，因为他们能够为完成某些任务提出有效的捷径，并知道何时运用这些捷径。深入讨论一项任务往往很有帮助，它可以让团队其他成员明白任务的来龙去脉，引发思考和讨论，并可能推动人们思考其他任务或某一任务交付后如何在公司范围内推广，从而形成新的行动思路。

2 年 3 倍增长法路线图进度会议上一定要完成战略蓝图相关的任务。有个风险是，我们投入大量精力完成了一项任务，任务执行得相当好，写成文件后收进抽屉，便置之脑后了。一项任务交付后，我们要想想该如何在公司范围内实施，更重要的是要想想如何让它成为"公司现在的做事方式"。

通常，在调查研究和设计方案并测试阶段就要考虑如何实施。如果需要将一项已完成的任务融入公司工作流程和文化，你应向增长实验室团队以外的相关经理或人才寻求帮助。因此，推进 2 年 3 倍增长法路线图的整个过程不要对公司其他部门隐而不宣，这一点很重要。

开展相关培训

会议结束前，应当允许所有人现场提问，所以我们经常会看到资历较浅的员工在大会上提问，包括老板在内的所有人都要有平等的机会去发表自己的意见。我最喜欢看有才华的年轻人对事情的优先顺序提出质疑，并提出一个通常高层才关心的话题。事实上，一位优秀领导者的权威被一个本来就没有机会这样做的人以正当理由质疑时，这位领导者会从中获得极大满足感。这是一件值得庆祝的事。

会议结束前，可以利用这段时间来讨论争议性问题。由一个有经验的外部人士来指导，会让现场的讨论更务实和高效。

最后会议结束时，我通常会祝贺团队取得的进步，并根据接下来的工作推荐下一季度的阅读书目。

SCALE
AT SPEED
2 年 3 倍增长法的要领

- 一定要召开 2 年 3 倍增长法的路线图进度会议。需要每周召开一次增长实验室团队汇报会，每月召开一次路线图进度会议，每季度进行一次工作回顾和规划，每年要做一次战略回顾和路线图任务规划。

- 每月一次的路线图会议日程是：

  - 报告好消息。

  - 分析财务状况。

  - 检查 KPI。

  - 逐项回顾路线图任务。

  - 深入分析一个或多个项目。

  - 回顾季度进展。

SCALE
AT SPEED

第 **9** 章

穿越不确定性，在危机中掌握主动

把工作重心放在可迅速执行的、务实的行动上，而不是放在充满不确定性的事项上。

　　我出售了最后一家公司后，便开始了管理咨询生涯。最初的客户中，有一家陷入困境的企业，有十几名员工，每月亏损 70 000 英镑。他们采纳了我们的方案，两年后营业收入翻了一番多，净利润率达到17%。那次经历真正让我看到，这个方案具备扭转乾坤的实力。

　　新冠疫情暴发，要求人们更多地思考如何扭转乾坤。这一危机发生后，我们很快意识到大多数公司所有者不知道该先做什么、后做什么，或者根本什么都不知道。于是，我们打开公司大门，开始了免费的咨询服务。我们有一大批经验丰富的顾问，他们全都经历过各种危机，包括网络泡沫破灭后整个行业的意外崩溃、"9·11"事件之后的信心危机，以及 2008 年全球性金融危机后的经济衰退。我们经历过意想不到的情况，也都战胜了它们，从某种角度来说，这样的经历让我们变得更强。我们觉得这些经历对那些手足无措的新手企业家来说很有价值，所以向他们免费提供这方面的经验。

　　从某种意义上来看，这是个转折点。我们快速反应，只用了一个周末就改变了业务模式。坦白地讲,我们没有做任何计划就做出了这个决定,只是觉得应该这样做。

这一转变几乎瞬间就产生了影响,完全出乎我们的预料。我们开始运用全球各行业大师级别的经验,为前来寻求帮助的公司所有者提供免费服务,由此建立起来的新关系也为我们提供了一个国际精英人才库。经过我们的培训,他们掌握了 2Y3X 模式,从而帮助自己的企业实现了快速增长。从某种意义上来说,这个项目是"为助人者提供帮助"。再加上这些实施者自身拥有丰富的经历,我们发现这个项目非常适合处理紧急状况。于是,在这个越来越庞大的团队的帮助下,我们对这个项目进行了调整。

针对那些无法施行长期计划、不得不应对当下形势的公司,我们开发了一个新版本的 2 年 3 倍增长法路线图。2020 年,经济停摆,起初我们并不知道要停几周还是一年,而此时的公司所有者最需要做的是把握方向。受疫情影响,有的公司情况严重,无计可施:资产负债表严重赤字,或者发不出工资只能让员工休假,甚至不得不解雇所有员工,公司直接陷入瘫痪。但是,对于一些公司而言,这种时刻正是要"撸起袖子"直面现实的关键时候。我们这款名为"速胜蓝图"(QuickMap®)的新路线图工具,就是针对必须应对困境的公司的需求而开发的。

面对危机,用 3 个月速胜蓝图争取生存机会

速胜蓝图是 3 年战略蓝图的微缩版。实施速胜蓝图法时,我们依旧要选择公司里的一些精英员工,留出足够时间与他们一起商议规划,但

考虑的不是 3 年期发展目标，而是为期 3 个月的发展计划。我们还是采用以终为始、逆向推导的方法，最终形成完整的方案。

在新冠疫情期间，我们认定全球局势在 3 个月内不会有所好转。所以我们直面现实：如果局势在 3 个月内能反转，那么大多数企业都能存活下来，之后的形势也不会有太大改变；但如果超过 3 个月，疫情的破坏力可能将是颠覆性的，各个企业都需要一套新的行动计划，为形势复苏做准备。我们公司所有人都经历过经济危机，因此我们深知，在疫情这种全球性事件之后可能潜伏着另一场极为残酷的经济衰退。

在为客户提供公益服务的过程中，我们明确了采用速胜蓝图法最终要实现的 2 个简单目标：

1.   获得几个新客户，购买或多或少能够抗衰退的产品或服务。
2.   做好全员总动员，准备采取行动。

速胜蓝图法为期 3 个月，重点关注领域仍是员工、客户、销售和市场、业务流程、财务等。大多新公司的做法是召集一些人组成增长实验室团队，每个成员只有 1 个月而不是 3 个月的时间来交付每项任务。因此，调查研究、设计方案并测试、实施方案各阶段的缜密程度也大不相同。

然而，由于这是一个应急计划，而非一项中期的战略转型方案，任务完成得是否缜密无关紧要。完成各项任务和行动重在速度，有些工作不一定非要经得起时间的考验，那不是目的，现在只需要考虑如何为不久的将来做准备。一旦公司恢复到正常状态，你仍可回到原先的战略蓝图，或者重新审视战略蓝图并根据新的现实重构蓝图。如果你还没有设计过战略蓝图，不妨针对新的业务基线，从头开始规划。

根据我的经验，经济衰退期对新企业来说其实是一个非常珍贵的时期。我自己的创业公司大多诞生于因循守旧的企业或行业大清洗之时。面对持续数年的经济严重衰退，过去的工作模式不再行得通，你别无选择，只能用全新的眼光去寻找可能存在的机会，唯有适应当下环境者方可生存。因此，经济衰退时，企业要有足够强的适应能力，而培养适应能力需要公司所有者具备必要时弃旧迎新的能力和意愿。到了制定常规的 3 年战略蓝图时，你会更清晰地看出，产品和市场是否合适、价值主张是否正确、是否理解风险存在的可能性并对可能面临的风险进行了梳理，以及是否建立了危机应变机制、是否持续向客户询问其需求等，这些都将成为一份周密计划的组成部分。

回到速胜蓝图。虽然眼下的问题是生存下来并快速适应新形势，但你应该确保，无论你计划在未来 3 个月结束时要做什么，都要符合企业未来的角色定位。你还必须考虑，一旦度过眼前的危机，下一步要做什么。

应对危机的重中之重，当然是厘清现金状况和盈利能力。要厘清现金状况就要尽快联系客户，确保应收账款尽在掌控；厘清盈利能力需要分析员工人数及运营管理费用与营业收入水平之间的平衡关系。我曾被迫卖掉了一家公司，因为我在失去两个大客户后没能快速缩减规模，所以我不仅知道遇到这种情况有多痛苦，也深知不作为是多么危险。如果此前你还没重视团队成员的去留问题，那么此时就是你该采取行动的时候了。

　　遭遇危机时，还有哪些情况会反复出现在创建速胜蓝图的过程中？图 9-1 是速胜蓝图的示例。

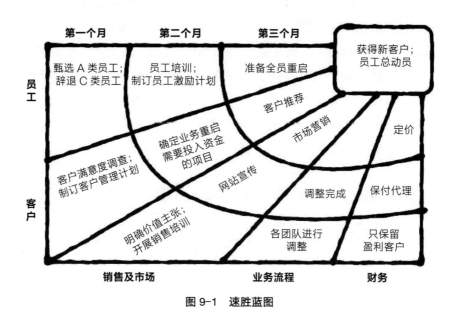

图 9-1　速胜蓝图

　　如你所见，速胜蓝图与战略蓝图非常相似，但它可以被快速执行，无需制定大量新流程。我想再次强调，速胜蓝图的核心任务包括了解客户需求、重新定义价值主张以及市场营销工作。其中在重新定义价值主张时，要特别考虑 3 个月后可能出现的情况。

　　此外，有必要动员公司员工，这可能涉及迅速对员工开展关于新工作流程、新产品的培训，这些新产品较那些已被淘汰的产品更适合未来的发展。同样重要的是，管理层也需要暂时调整一下岗位角色和责任范围，以迅速推动变革。

日复一日地复盘，才是提升战斗力的法宝

在将行动计划付诸实践的过程中，如果像之前介绍的那样，一个月只召开一次路线图进度会议是不够的。由于速胜蓝图是一种短期的应急规划，适用于较为突然的或意想不到的转折时期，因此必然需要快速的、间隔时间短的多次更新和进展回顾，也不能再像往常那样分成调查研究、设计方案并测试、实施方案三个阶段，还不能每个阶段都花上一个月的时间来完成。你需要更加频繁地与团队沟通进度，协议议程或会议的节奏，可以这样安排：

1. 每日召开一次增长实验室团队全体参加的短会，在特殊时期可通过视频会议进行。

2. 每周召开一次周会，增长实验室团队检查每项任务进展，每周最长 2 小时。

3. 每两周召开一次任务进度汇报会。第一次任务进度汇报会主要是在需要额外帮助或额外资源时发出行动指令；第二次任务进度汇报会作为每月例会的一部分，汇报任务完成情况并提交后续计划。

4. 每月回顾一次已完成的任务。根据最新情况重新校准后续任务；提出下个月的资源需求；设定明确的任务产出内容。

我强烈建议你聘请一名具有危机管理或快速帮企业转危为安经验的外部顾问来提供有力支持，至少在每月任务汇报会议上提供指导、出谋划策。你需要具备力挽狂澜的领导力，能够向团队施加压力，确保每日、每周的会议能顺利进行。在关键时期，若想成功，持续的会议节奏、迅速推进任务进展都将产生至关重要的影响。

因此，要记住，当团队中的任何一位成员无法参加任意一个会议时，他们负责的部分应由其指定的一名代表来汇报，该代表还要负责将团队意见反馈给任务责任人。在每日一次的短会上，各位成员可能只需要几分钟就可以汇报完情况；在周会上，每人 10 分钟也就足够了。同时，还要考虑到会有某一项或多项任务需要花费更多时间来汇报或讨论。

在第三个月的月末，需要组织一次会议来讨论下一步计划，要么再设计一项新的 3 个月冲刺计划，包含新的速胜蓝图，要么利用一整天时间来回顾、更新或重新规划总体战略蓝图。事实上，实施速胜蓝图是实施 2 年 3 倍增长法本身的绝佳训练机会。制定速胜蓝图这样的应急计划，有多种意义。

第一，可以为公司领导层和增长实验室团队指明方向。即使在充斥着混乱和不确定性的状况下，大家仍然可以专注于某个专一的目标。一旦领导者和战略团队无所适从，所有人都将茫然无措，那么公司注定失败。

第二，可以鼓舞员工树立信心，激励大家积极采取行动，减少恐慌或士气消沉带来的风险。维持良好的员工士气极其重要，尤其是当公司处于不稳定时期时。员工可能会担心自己的工作、个人的财务状况，以及该如何跟家人谈及公司的困境。我们经历过多次危机，有一件事很确定，那就是忽视员工的价值感和安全感，会明显影响员工对所在群体的归属感。毕竟，你负责的公司是由人组成的。在公司环境中，大家建立了深厚的同事情谊，一起闲聊八卦、共进午餐，相互给予鼓励或安慰，这些都是形成公司文化所需的基本且无形的媒介。出色的领导应当明白这一点，要通过制定任务来提供有效的替代品，同时向大家展示明确的目标和行动计划。这种积极主动的态度会令员工更安心，让大家忙碌起来，一起向前看。

第三，有助于确保公司度过危机。增长实验室团队必须能做出决断，并且团队成员要步调一致。团队既要应对眼下的威胁，诸如现金短缺、员工士气低落、客户保留率低、盈利能力弱等，还要为处理危机后的局面准备万全之策。制定了战略，并明确实现战略需要完成哪些任务后，团队还要齐心协力确保任务能够完成。还是那句话：虽然有计划好过没计划，但是付诸行动的计划，绝对要好过有计划却不去执行。

2 年 3 倍增长法的要领

- 遇到紧急情况可使用 3 个月速胜蓝图法，将团队精力集中在具有决胜意义的关键任务上。

- 最好请经验丰富的外部顾问来助你度过危机，他们能为你提供有用的视角、智慧，帮你树立起你有能力且一定能生存下去的信念。

- 用果断的行动力树立领导风范。不仅要掌控全局，还要分配任务给他人。使用战略蓝图的框架让大家理解面临的局面，营造人心安定的氛围。

SCALE
AT SPEED

第 **10** 章

现在正是迈出第一步的最佳时机

杰出决策能力的体现，并非是每一次都能做出正确的决策，而是不畏惧做出哪怕是错误的决策，以及做好随时修正决策的准备。

用"灵魂五问"战胜拖延症

无论是在遭遇危机期间，还是决定实施某项行动方针时，展现领导力的精髓就是做好你该做的事情。之所以你是老板，就是因为你有能力说服别人相信你的宏伟蓝图并跟随你，或者是因为你善于决策。

当然，有时候做决定是很困难的事。面对那么多需要决策的问题，你的每一个决定都有可能让公司破产。杰出决策能力的体现，并非是每一次都能做出最正确的选择，而是不畏惧做出哪怕是错误的决策，以及做好随时修正决策的准备。

人们拖延的原因之一可能是必须做出某项决定，却没做好决策错误时予以修正的准备。在公司推行 2 年 3 倍增长法，实施本书提及的所有行动，是一件大事。因为这将改变你的行事方式，甚至改变你的领导方式，并且一定会改变你团队的工作方式，将你的公司提升至一个完全不一样的层面。

"今天不行，明天再决定吧"，这种心理完全可以理解。毕竟有无数现成的借口，比如，我还没有准备好；团队还没有准备好；我们还没有足够资金，等收到下一份大额付款再说；我可以自己做；我们团队可以自己做；很快会有别的计划……

我们一直与卓越公司的领导者合作，他们中的大多数人决策能力确实很强，但所有人都有拖拉的毛病。因此，如果你想推迟构建战略蓝图，以下是你应当问自己的 5 个问题：

1. 我知道我们需要做什么吗？

这个问题很简单。研究清楚你希望采用什么样的体系或方案。列出一些最优的选择，请团队来帮你做决策。

2. 我们真的要自己做吗？

如果你觉得实施这件事情需要有外援，来为你指引正确的方向或者督促你们向前推进，那么这将是一个考验。如果你还没有外援，那么你应该去请一个。我推荐你采用我们的 2 年 3 倍增长法。

3. 我们能请人来做吗？

如果能，谁是行业里最好的人选？谁能推荐最好的人选？谁以前实施过此类事项？谁能帮你搞定这件事？

4. 完成这件事的代价是什么？

整个计划中，你可以收获多少价值，需要付出多少成本，分别从短期、长期的角度来分析收益与成本的比例是多少。如果项目花费看起来很高，但产生的价值巨大，就要按比例来考虑。大公司按产生的价值计费，而非按小时收费。你的公司也应如此。

5. 如果我们不做这件事，代价是什么？

如果你不这样做，是还要再等 4 年，还是会少 200 万的收入，或是下一次遇到这种状况又停滞不前，抑或永远不能达成目标？价值有正有负，两方面都要考量。

问问自己上面这些问题，做出决定，战胜拖延，立刻行动进入下一个阶段，别再等什么时机成熟。

将计划落到实处，才能打赢翻身仗

作为领导者，你或许有时会感到有点孤独。

这听起来有点奇怪，因为许多领导者都是外向、自信的辩论家型人格 [1]。在这些领导者社交媒体上的朋友们看来，他们是无懈可击、积极

---

[1] 迈尔斯－布里格斯类型指标（MBTI）的一种人格。辩论家型人格即 ENTP 型人格，E 代表外向，N 代表直觉，T 代表理智，P 代表感知。——编者注

进取、事业有成的，并且人缘很好。很多领导者会有"高处不胜寒"的感觉，这无关荣耀，而是关乎责任。所有决策只能落在领导者而非其他人的肩上。要听最坏消息的人是你，要处理危机事件的是你，要解雇那些在公司人缘好的 C 类员工的人是你，要平息与客户纠纷的人也是你。所有事情都得靠你。

最糟糕的是，你的压力和紧张无法与人分担。布雷特·福克斯（Brett Fox）写道：CEO 的诅咒是你不能告诉员工，否则他们会被吓坏；不能告诉你的联合创始人，否则他们会认为你软弱；不能告诉投资者，否则他们会对你失去信心；不能告诉你的配偶，否则他 / 她不会理解，你也不想给其带来负担。所以，这是属于你的困局。

在本书中，请外部专家或顾问来帮助你，这个观点我已经提了好几次。我的创业之路颇为成功，因此我深知信守自己的承诺有多艰难，有时候你决定不告诉任何人，这样就不会让那些以你为榜样的人感到失望。要是有人手把手地教你怎么做，生活该多轻松啊。你的配偶做不到，至少在事业方面帮不了你太多；你应该也不太想去聘请一个比你更有权威的人。

谢天谢地，尽管有时候领导者的身份确实让人困扰，但你依然还有很多选择。你怎么知道自己不需要一个非执行董事，或一个董事会顾问、董事会主席，或一个同辈团体，或某种促进公司增长的"加速器"？

早在我担任公司的董事会主席之前，我还是创业公司的联合创始人兼 CEO 时，我曾在数字通信领域开拓了 14 年，做成过几项非常高端的销售项目。我年少轻狂，认为这一切都是自己独立完成的。但是，正如我前文所说，问题一点点显现出来。我不断犯错，有些错是灾难性的，有些错反复出现。我身边的人除了鼓励我之外无从下手，部分原因是我完美地隐藏了自身的经验不足和偶尔的力不从心。

前面提到，创业 15 年后，我加入了伟事达，该组织为 CEO 提供培训、交流等服务，在英国、美国及中国都开展业务。伟事达服务的会员来自不同行业，大家定期见面，敞开心扉，互相交流心得、出谋划策，更重要的是，伟事达还会组织培训。我第一次发现自己并不孤独，每个企业都有相同的问题。我曾相信数字行业跟别的行业不一样，直到一家全球汽车制造商的总监跟我们分享了他们正面临的一个难题，这个难题我也经历过，确实棘手，只不过我面临的问题难度相对小些。所以，对我来说，每年花几千英镑参加这种职业发展项目实在太物有所值了。经过这样的培训，我成为一名企业经理人，而不是个全凭运气的企业家。

这种同辈互助小组可以教会你如何经营一家企业。我曾在全球最好的商学院之一教授过 MBA 课程，相信我，这种互助小组好过任何 MBA 课程，它能让你真正有效地接触到企业管理和领导力方面的通用基础知识。

行业联盟、研究机构及产业界团体也很有帮助。只是这类组织很少像伟事达这样的机构一样有完整的体系，你不会每个月都有固定的一天时间接受个人辅导，但你可以从同行、竞争对手以及了解行业全貌的导师那里掌握很多具体的信息。

谈到领导者如何排解孤独，如何与既理解你又能帮助你的人分担重担，我建议你选择聘请一名非执行董事、聘请一名董事会顾问或一家咨询公司，请人来担任董事会主席，或者实施某个项目。我卖掉最后一家公司后，便以上述这些身份与数十家公司开展合作。这些公司一直采取这种做法。事实上，在目前与我合作的大多数公司来找我之前，我已经有一种或多种角色，这样的安排使合作公司可以充分运用合作过程中学到的知识技能。对于这一点，稍后再略加介绍。

非执行董事通常是颇受尊敬的一类人，有时候会是年纪很大的长者，但通常都是些头发灰白、处于半退休状态的人士，他们希望回报社会、与外界保持联系。与企业家的密切接触使非执行董事保持活力，因为他们自己也曾经营过公司，深知经营企业带来的压力和刺激，对这种感觉还有些留恋。他们知道公司发展会遇到什么情况，他们往往具备某个特定行业的专业知识，因此可以为企业家提供真正的智慧以及明确的经验之谈。那些经验之谈是无价之宝。你现在遇到的问题，他们也曾遇到过，并且知道该如何应对。在你遭遇危机时，他们反应灵敏，处理危机得心应手。但是聘用非执行董事也有个大问题，他们提供的建议总是战术性的，在战略性上有欠缺。如果你需要，他们可以为你出谋划策，但还得由你来规划策略和制订计划。

董事会主席相比非执行董事更积极主动一些。在上一家被我卖掉的公司里，我担任董事会主席，一位才华横溢的联合创始人和一位经验丰富的董事总经理负责公司的经营管理。这对我而言是一次伟大的跨越。作为董事会主席，我的职责是面向行业建立人际关系，联络企业界，为战略行动做铺垫。这项工作很有意思。董事会主席会让高管团队负起责任来，真正优秀的主席会负责审视策略，测试其可行性，确保其有备无患，并督促其有效执行。《哈佛商业评论》曾说："董事会主席对董事会负责，代表着董事会；而 CEO 对公司负责，代表着公司的公众形象。"

执行董事和董事会主席都是你的支持者，他们代表你的利益。我在许多家公司中担任董事会主席的职务，在并购商谈中担当高级别的中间人角色，为他们介绍合适的律师、税务顾问和谈判专家。与其说他们是你的顾问，不如说他们是介绍人和促进者。然而，与非执行董事不同的是，董事会主席很少愿意在周三晚上 10 点接听你的电话，听你诉说因为失去了一名关键员工而焦虑不安。但如果没有董事会主席，并购会消耗公司领导者的很多心力，令他们疲惫不堪。

还有一个选择是企业增长顾问。它不是潜在的客户开发"专家"，比如那些电话营销机构，而是真正推动企业实现增长的咨询公司。此类公司多以财务兼市场营销工作见长，有些公司也有专门的并购职能。虽然这些公司往往很出色，但我个人的观点是，时机成熟时，并购谈判应该交给一家专做这类业务的公司。这种公司的负责人通常亲自发展壮大并出售过一两家公司，他们一定会告诉你如何弄清楚一些数字、设定好基本的 KPI，并帮助你打造强大的销售能力。这种双管齐下的方法为企业早中期实现增长搭建了一个重要平台。只要把这些事情做好，你自然能获得 100 万甚至更多的收入。这是最基本的工作，也是最根本的基石。这类咨询公司知道如何最好地帮你达成目标。

最后一个选择是一套系统化的方案。这也是我目前正在做的工作。我与一些拥有 20 多名员工的公司合作，他们希望创建一个系统化的、可扩展升级的业务模式，为大规模扩张做铺垫。这些公司已经完成了基础性工作，往往都处于平稳阶段，已经知道寻求外部建议的好处，且愿意与外部顾问展开更多合作。过去几年中，执行过 2 年 3 倍增长法的公司，业绩几乎全都翻了一番；其中还有几家公司，两年内业绩增长了 2 倍；而那些业绩没有获得如此高增长的公司，几乎在结束 2 年 3 倍增长法之前就已溢价售出了。这些公司之所以能成功，有三个原因：

第一个原因是，要想知道前进的方向，你需要有个向导。这个向导必须自己已经走过多次，很清楚路该怎么走；他们已经历过各个节点，可以把它们连接起来；他们可以在中途适当设置一些短期目标，并引导你绕过障碍。

第二个原因要归结到目标设置理论及一项研究结果上。根据这项研究结果，为了始终如一地实现富有挑战性的目标，每个任务都需要来自外部的反馈。无论你在增长实验室团队中属于什么角色，是未来之星还是现任 CEO，这一点都适用。

第三个原因与决心有关。所有这些公司都已到达这样一个境界：CEO 不再是高高在上的形象，也不再感到孤立无依，也没有完全无法逃避的责任压在自己的双肩。与此同时，CEO 还意识到，只有让优秀员工与自己共同经营公司，而不仅仅是为自己工作，他们才能取得真正的成功。2 年 3 倍增长法的初衷不仅是建立一个工作流程，而且是建立一支真正伟大的团队。这支团队负责分配职责、分享知识、分担重任，释放人们的潜能。

阻碍增长的最主要障碍之一是公司高层的能量。如果责任集中于你一身，事事听你指令、受你控制，你便无法安排 6 个人在不同领域各负责一部分工作，因为你没有精力全盘掌握所有进展。无论现在的营销工作做得多出色，公司的成长都因你个人而受到限制。我遇到过这种情况，也曾将公司的决策权全都把控在自己手里，所以知道这一点。

　　公司走的路可能略有不同，但最终结果都是把精心设计好的工作分配给一支上下一心、团结一致、训练有素、由一群未来之星组成的团队。这样，企业家的压力和孤独感越少，团队共同的责任感就越大。如此这般，伴随而来的将是企业巨大的增长。

2 年 3 倍增长法的要领

- 请思考下一步该做什么，不要拖延。

- 寻求外界帮助。你获得的观点和经验，有助于你稳妥地前进和快速地增长。

- 遵循 2 年 3 倍增长法开始实践，你的团队将开始分担重担，企业经营又将成为一件让人乐在其中的事。

建立持续增长的长效机制，跑赢竞争马拉松

　　无论增长实验室团队有无管理经验，或者有多少经验，2 年 3 倍增长法都非常有用。它既适用于只有 6 人的创业公司，也适用于百人企业或更大的集团。每个任务所需时间也可灵活设置，换句话说，你可以想快就快，想慢就慢。

　　事实上，增长实验室团队保持在 6 人左右，便可轻松应对公司变革的节奏，尤其是当你已在公司业务中提升了全体员工的素养时。然而，要想扩大业务规模，必须实现必要的变革：制定出杰出的人事政策、以客户为中心的策略，做好产品优化，提升销售团队能力，增强业务预测和财务实力。在头两年，你可能已经完成 30 ～ 40 项具有战略意义的基础性任务并持续改进。如此一来，公司可扩展的规模，甚至公司的市值都将飙升。

这套方法论还会在公司形成令人难以置信的向心力，不仅整个公司有了共同的目标和方向，而且增长实验室团队也将团结一致。数月后，你便能发现团队成员彼此负责、相互信任，大家都积极期待每月的每项任务都能高标准完成，并围绕那些难以定义、衡量或交付的任务进行充分讨论。这种大家共享进步与成功、面对困难同心协力、共同寻找解决方案的状态，能创造出一支合作紧密的团队。当我们带领客户完成这一管理项目时，这是所有成果中最令人满意的一个。

这个项目带来的最大好处是，你获得了自由。你可以把工作和责任分配给一群对公司满怀热忱的人，再也不用担心陷入手忙脚乱、焦头烂额的境地了。正如一家世界领先的奢侈品数字营销机构的 CEO 对我说的那样：

> 9 个月后，我突然发现我的生活又回来了。自从创办了这家公司，所有事情都压在我肩上。一直工作到深夜的人是我，拿自己的钱支付员工工资的人是我，承担所有重担和压力的人是我。现在，这一切都神奇地不见了。我现在有时间陪我的女朋友和家人了，我身边的每个人都在各司其职。这几年来，我第一次感到这么开心。

实施 2 年 3 倍增长法 9 个月左右后，每个人大概都会有这种感觉。届时团队成员会发现，他们竟然一起取得了那么多的成就。所以你也应该试一试，现在正是迈出第一步的最佳时机。

　　我非常感谢我的版权代理人凯特·巴克（Kate Barker），是她首先建议我写这本书，并在我写书的过程中给予我无尽的耐心。巴克是听了露西·曼（Lucy Mann）在播客《火花理论》（Small Spark Theory）上的访谈后找到我的。

　　感谢吉姆·斯特恩（Jim Sterne）为我的写作提供了美国式的视角，并自始至终给予我鼓励和友谊。迈克尔·纳特利（Michael Nutley）和我的母亲西莉娅·维拉尔德（Celia Velarde）都非常慷慨地为我提供了建议和编辑意见，我的父亲吉尔斯教会了我增强说话的力量。托尼·邦德（Tony Bond）、理查德·科兹马（Richard Kozma）、林肯·埃克斯利（Lincoln Exley）和托尼·卢埃林（Tony Llewellyn）为我提供了专家视角。Littlebrown 出版社的编辑汤姆·阿斯克（Tom Asker）和格雷厄姆·科斯特（Graham Coster）帮我将复杂内容更完善。

　　多年来，乔·埃文斯（Jo Evans）培养了我对谈判协商的热爱，并向我展示了价值定价法的奥妙。布赖恩·威尔舍（Bryan Wilsher）

教会我如何理财。杰森·霍兰（Jason Holland）一直容忍我在领导力方面的错误，至今仍在激励着我。

查尔斯·卢埃林（Charles Llewellyn）既是伟事达的主席，也是我的第一位导师，他为我提供了我所缺乏的工具。他向我介绍了许多概念和框架，这些概念和框架成就了我作为专业成长加速器领导者的职业生涯。达格·安德森（Dag Andersson）、西蒙·伯奇纳夫（Simon Birchenough）、里克·埃德蒙森（Rick Edmondson）、阿里·卡拉狄米尔（Ali Karademir）、史蒂夫·麦克纳尔蒂（Steve McNulty）、加雷思·莫里斯（Gareth Morris）、铂文·沃西（Perween Warsi）、比尔·威廉姆斯（Bill Williams）、加雷斯·沃里克（Gareth Warwick）及其他人为我提供了早期思路和步骤。卡拉狄米尔首先向我介绍了后来演变成战略蓝图的方法（他现在是我们这个了不起的团队的一员）。吉姆·阿兰姆皮是"执行力最大化"的创造者，他向我传授了他的规划工具的原理，几年后，当我们讨论我不断演变的想法时，他亲切地指导了我。

我在咨询公司 2Y3X 的同事弗兰克·凯尔茨（Frank Kelcz）和米娅·麦克蒂格·罗德里格斯（Mia McTigue-Rodriguez）给了我足够的空间和支持。

感谢菲利帕·格布哈特（Philippa Gebhardt）、阿克塞尔·福克斯（Axelle Fox）、萨拉·维安内（Sarah Vianney）、吉姆·克雷德兰德（Jim Credland）、海伦·鲍伊（Helen Bowie）和卡茨·基利（Katz Kiely）在幕后默默地支持着我，他们是我在火人节上与丹·莱肯（Dan Lykken）一起时在沙基酒吧和酒廊的朋友。

　　最后，我永远感谢英娜·巴戈里·贡恰连科（Inna Bagoli Goncharenko），我可爱又了不起的搭档，她在各方面都鼓励和滋养着我，读完全书并做了修改。

维拉尔德的推荐书目

　　我曾参加过一个速读课程：与怪才让·西塞克（Jan Cisek）学习3天。课上他向我们展示了各种各样的快速阅读书面材料的技巧，的确非常快。我们学习并练习了快速阅读的两种方法——I法和T法，用思维导图抽丝剥茧，我们就能把一本结构严密的书"读薄"，使读书像读报纸或短讯一样简单。

　　我想正是因为西塞克教了我们很多种速读技巧，每个参训者才能至少学会一两种。对我来说，像浏览大幅报纸一样快速阅读一本书，这种方法很有效。阅读商业类书籍也是这个思路，这类书每本大概有5个核心思想，用读报的方法读它们，通常不到10分钟就能轻松找出其核心思想。为什么呢？部分原因是这些书有很好的结构，从大小标题就能看出整本书的结构。而大多数出版商却总想文字多些，其实表达主要观点并不需要那么多的文字，所以很多商业类书籍大多废话连篇。

上述文字严格来说也有点多余，只是想为下面要推荐的书目抛砖引玉，它们是我参加完西塞克的速读课程后，从读过的琳琅满目的书中挑选出来的。如果你真想建立一家辉煌的公司，这是我推荐的必读书单：

- 《从优秀到卓越》，吉姆·柯林斯著。
- 《指数级增长》，维恩·哈尼什著。
- 《哈佛商学院最有效的人才招聘课》，杰夫·斯玛特和兰迪·斯特里特著。
- 《CEO 的四大迷思》(*The Four obessions of the Exceptional Executive*)，帕特里克·兰西奥尼（Patrick Lencione）著。
- 《说服的艺术》，奥伦·克拉夫著。
- 《掌握谈话》(*Never Split the Different*)，克里斯·沃斯（Chris Voss）著。
- 《随时卖掉你的公司》(*Built to Sell*)，约翰·沃瑞劳（John Warrilow）著。
- 《稀缺：我们是如何陷入贫穷与忙碌的》[①]，塞德希尔·穆来纳森（Sendhil Mullainathan）、埃尔德·沙菲尔（Eldar Shafir）著。

最后一本书内容尤其丰富，尽管看起来都是些常识，却非常启人心智。每本书都值得细细品读，你可以多买一些，摆在公司里供大家一起学习。

---

① 此书是诺贝尔经济学奖得主丹尼尔·卡尼曼和理查德·塞勒推崇的行为经济学著作，揭示了人们是如何陷入贫穷与忙碌的真相。该书中文简体字版已由湛庐引进，浙江教育出版社于 2022 年出版。——编者注

未来，属于终身学习者

我们正在亲历前所未有的变革——互联网改变了信息传递的方式，指数级技术快速发展并颠覆商业世界，人工智能正在侵占越来越多的人类领地。

面对这些变化，我们需要问自己：未来需要什么样的人才？

答案是，成为终身学习者。终身学习意味着永不停歇地追求全面的知识结构、强大的逻辑思考能力和敏锐的感知力。这是一种能够在不断变化中随时重建、更新认知体系的能力。阅读，无疑是帮助我们提高这种能力的最佳途径。

在充满不确定性的时代，答案并不总是简单地出现在书本之中。"读万卷书"不仅要亲自阅读、广泛阅读，也需要我们深入探索好书的内部世界，让知识不再局限于书本之中。

湛庐阅读 App: 与最聪明的人共同进化

我们现在推出全新的湛庐阅读 App，它将成为您在书本之外，践行终身学习的场所。

- 不用考虑"读什么"。这里汇集了湛庐所有纸质书、电子书、有声书和各种阅读服务。

- 可以学习"怎么读"。我们提供包括课程、精读班和讲书在内的全方位阅读解决方案。

- 谁来领读？您能最先了解到作者、译者、专家等大咖的前沿洞见，他们是高质量思想的源泉。

- 与谁共读？您将加入优秀的读者和终身学习者的行列，他们对阅读和学习具有持久的热情和源源不断的动力。

在湛庐阅读 App 首页，编辑为您精选了经典书目和优质音视频内容，每天早、中、晚更新，满足您不间断的阅读需求。

【特别专题】【主题书单】【人物特写】等原创专栏，提供专业、深度的解读和选书参考，回应社会议题，是您了解湛庐近千位重要作者思想的独家渠道。

在每本图书的详情页，您将通过深度导读栏目【专家视点】【深度访谈】和【书评】读懂、读透一本好书。

通过这个不设限的学习平台，您在任何时间、任何地点都能获得有价值的思想，并通过阅读实现终身学习。我们邀您共建一个与最聪明的人共同进化的社区，使其成为先进思想交汇的聚集地，这正是我们的使命和价值所在。

CHEERS

湛庐阅读 App
使用指南

读什么
- 纸质书
- 电子书
- 有声书

与谁共读
- 主题书单
- 特别专题
- 人物特写
- 日更专栏
- 编辑推荐

怎么读
- 课程
- 精读班
- 讲书
- 测一测
- 参考文献
- 图片资料

谁来领读
- 专家视点
- 深度访谈
- 书评
- 精彩视频

HERE COMES EVERYBODY

下载湛庐阅读 App
一站获取阅读服务

图书在版编目（CIP）数据

2 年 3 倍增长法 /（英）费利克斯·维拉尔德 (Felix Velarde) 著；马艳译 . — 杭州：浙江教育出版社，2024. 12. — ISBN 978-7-5722-9007-7

Ⅰ . F272

中国国家版本馆 CIP 数据核字第 20247J96Z2 号

上架指导：企业管理

浙 江 省 版 权 局
著作权合同登记号
图字 :11-2024-423 号

2年3倍增长法

2 NIAN 3 BEI ZENGZHANGFA

［英］费利克斯·维拉尔德（Felix Velarde）　著

马艳　译

责任编辑：陈　煜　刘姗姗

美术编辑：钟吉菲

责任校对：李　剑

责任印务：陈　沁

封面设计：ablackcover.com

出版发行：浙江教育出版社（杭州市环城北路 177 号）

印　　刷：天津中印联印务有限公司

开　　本：710mm×965mm　1/16

印　　张：18.00　　　　　　　　　　**字　　数：**235 千字

版　　次：2024 年 12 月第 1 版　　　　**印　　次：**2024 年 12 月第 1 次印刷

书　　号：ISBN 978-7-5722-9007-7　　**定　　价：**99.90 元

如发现印装质量问题，影响阅读，请致电 010-56676359 联系调换。